W0214713

Literaturgeschichte

Deutsch-KOMPAKT

STARK

Bildnachweis
Titelbild: Gulfiya Mukhamatdinova/getty images
S. 5: Walther von der Vogelweide (Codex Manesse, um 1300)
S. 9: picture alliance/akg-images
S. 19: Repräsentation der Erklärung der Menschen- und Bürgerrechte von 1789
S. 31: Deutsches Theatermuseum, München.
S. 41: picture-alliance/ZB
S. 51: https://de.wikipedia.org/wiki/Datei:Caspar_David_Friedrich_-_Wanderer_above_the_sea_of_fog.jpg
S. 69: bpk / Kunstbibliothek SMB/Knud Petersen
S. 81: Berlin, Unter den Linden, Cafe Bauer zwischen 1890 und 1900/CreativeCommons-Lizenz by-sa-2.0-de
S. 91: https://commons.wikimedia.org/wiki/File:Klimt_-_Nuda_veritas.jpeg?uselang=de
S. 103: picture-alliance/akg-images
S. 111: Hans Baluschek: Bahnhofshalle (1929)/CreativeCommons-Lizenz by-sa-2.0-de
S. 121: bpk/Heinrich Hoffmann
S. 127: ullstein bild – ullstein bild

www.stark-verlag.de
1. Auflage 2018

Inhalt

Autor: Dr. Stefan Metzger

Lernvideos: Stark Verlag

Hinweis:

Die entsprechend gekennzeichneten Kapitel enthalten ein **Lernvideo**. An den jeweiligen Stellen im Buch befindet sich ein QR-Code, den Sie mithilfe Ihres Smartphones oder Tablets scannen können.

Im Hinblick auf eine eventuelle Begrenzung des Datenvolumens wird empfohlen, dass Sie sich beim Ansehen der Videos im WLAN befinden. Haben Sie keine Möglichkeit, den QR-Code zu scannen, finden Sie die Lernvideos auch unter:

http://qrcode.stark-verlag.de/944066V

Vorwort

Die Geschichte der Literatur – das ist ein sehr weites Feld voller interessanter, erstaunlicher, unterhaltsamer, ärgerlicher, rätselhafter Texte und Autoren. Zu verschiedenen Zeiten schrieben sie mit jeweils ganz unterschiedlichen Voraussetzungen und Selbstverständlichkeiten, Problemen und Denkweisen, mit sehr verschiedenen Zielen und für ein bestimmtes Publikum. Die ältesten deutschsprachigen Texte sind 1 200 Jahre alt. So fremd diese Texte auch sein mögen, sie ermöglichen es, Vergleiche anzustellen mit anderen Lebensformen, -entwürfen und -erfahrungen. Wenn wir diese Erfahrungen nachvollziehen und uns der Differenz zu unserem Leben bewusst werden, können wir uns selbst besser verstehen.

Die vorliegende **Geschichte der deutschen Literatur** will Ihnen daher
- eine Übersicht über die Vielfalt von Texten und Autoren geben,
- das historische Umfeld dieser Texte erhellen und damit Verständnisvoraussetzungen für Texte bereitstellen,
- Texte als Repräsentanten größerer geschichtlicher Strömungen und Kräfte erschließen,
- Orientierung geben und Sie ein Stück weit auch davon entlasten, die Fülle der Texte selbst strukturieren zu müssen.

Das Bändchen gliedert sich nach Epochen, wobei Autoren, die sich keiner Epoche zuordnen lassen, eigene Zwischenkapitel gewidmet werden.
- Für jede Epoche wird kurz der **politische und geistesgeschichtliche Kontext** angerissen.
- Ein idealisiertes **Interpretationsmodell** charakterisiert jede Epoche anhand von Schlüsselbegriffen.
- Und natürlich erhalten Sie einen allgemeinen Überblick über die **wichtigsten Autoren**, deren fürs Abitur relevante **Werke** knapp vorgestellt werden – ohne Anspruch auf Vollständigkeit.

Ich wünsche Ihnen viel Freude bei der Reise in die Literaturgeschichte und Erfolg bei der Anwendung des erlernten bzw. vertieften Wissens!

Dr. Stefan Metzger

Epochen – Autoren – Werke
Was gehört in eine Literaturgeschichte?

Es ist klar, dass eine Literaturgeschichte Einteilungen in einem kontinuierlichen Verlauf vornehmen muss. Dies kann sie nach einem neutralen Raster tun, so wie die französische Literaturgeschichtsschreibung einfach nach Jahrhunderten gliedert. In der deutschen Literaturgeschichte arbeitet man mit **Epochen** – also mit inhaltlich bestimmten Abschnitten.

Das kann man kritisch sehen: Epochen vermittelten, so lautet ein Einwand, den Eindruck einer Abfolge von in sich geschlossenen Einheiten und verschleierten so die Gleichzeitigkeit und den Zusammenhang von Texten. Außerdem fassten sie Heterogenes zusammen. Zudem gebe es Zeiten, für die sich keine einheitliche Bezeichnung durchgesetzt habe, wie etwa die Literatur um 1900 oder die Zeit zwischen 1820 und 1850. Für die Jahre nach 1945 hat sich aufgrund der großen Vielschichtigkeit der Entwicklungen eine Gliederung nach Jahrzehnten etabliert. Weiterhin seien Epochenbezeichnungen höchst unterschiedlicher Herkunft. Darüber hinaus fielen eine Reihe von Autoren durch das Epochenraster, sei es weil sich bei ihnen viele Strömungen verschränken (Jean Paul, Hölderlin oder Kleist sind Beispiele), sei es dass sie sich bewusst von den herrschenden Strömungen absetzen. Und schließlich seien Epochen nachträgliche Konstruktionen der Germanistik, die mit dem Selbstverständnis der Zeitgenossen nicht viel zu tun hätten.

An dieser Kritik ist viel zutreffend. Dennoch können Epochen ein **sinnvolles Konzept** sein – und zwar nicht nur, weil sie in den Lehrplänen nach wie vor auftauchen.

- Epochen sind keine Schubladen, in denen Texte und Autoren eindeutig abgelegt werden könnten. Epochen sind **Scheinwerfer**, die Texte erschließen: Einen Text einer Epoche zuordnen heißt, an ihn mit einem bestimmten Vorverständnis heranzutreten, ein Interpretationsmodell anzusetzen. Dabei schließen sich Zuordnungen eines Textes oder Autors zu verschiedenen Epochen nicht von vornherein aus, sondern der Deutungsansatz aus dieser oder jener Epoche heraus muss sich am Text bewähren.
- Epochen sind zweifellos **Konstruktionen**. Dass sie aber das Selbstverständnis der Zeitgenossen nicht treffen, ist damit nicht gesagt; die Romantiker etwa verstanden sich durchaus als solche. Ein Epochenbegriff, der am Selbstverständnis der Zeitgenossen vorbeiginge, wäre nicht sehr tauglich.

- Wenn Epochen Texte erschließen sollen, darf kein enger Epochenbegriff angesetzt werden, sondern die politischen, sozialen, wissenschaftlichen, philosophischen etc. Vielmehr müssen **Kontexte** eingeschlossen werden. Literarische Texte sind immer Spiegel der Kultur- und Geistesgeschichte, ja die Literatur ist eines ihrer wesentlichen Medien.
- Epochen sind ein möglicher Zugriff auf die Literaturgeschichte, aber nicht der einzig mögliche. In diesem Sinne stellen Epochen **strukturelle Zusammenhänge** her und blenden immer wieder auch andere Zusammenhänge aus. Dessen muss man sich stets bewusst sein.
- Epochen dienen einem ersten (literar-)historischen **Überblick**, der immer nur vorläufig sein kann.

Wenn eine Geschichte der Literatur geschrieben werden soll, stellt sich immer die Frage, welche **Texte** berücksichtigt werden sollen. Versteht man den Begriff weit – und dafür spricht viel –, dann umfasst er auch Trivialliteratur, Essayistik, Publizistik. Ab dem 20. Jahrhundert könnte man zudem Hörspiel, Film und Fernsehen einbeziehen. Um die Frage hier ganz pragmatisch zu beantworten: Alle diese Gattungen und Erscheinungsweisen von Literatur bleiben in dem vorliegenden Band ausgeklammert, um die Übersichtlichkeit zu wahren.

„Deutsche Literatur" – das klingt nach Nationalgeschichtsschreibung, wie sie im 19. Jahrhundert herrschte. Es muss kaum betont werden, dass die Geschichte der **deutschsprachigen Literatur** bei Weitem vielschichtiger und differenzierter ist: Sie umfasst die Literatur Österreichs, der Schweiz, der DDR, die Literatur von Rumäniendeutschen wie Paul Celan oder Herta Müller; sie umfasst im 17. Jahrhundert die Literatur all der großen, kleinen und kleinsten deutschen Fürstentümer; sie umfasst im Mittelalter und in der Frühen Neuzeit Literatur in sehr unterschiedlichen Dialekten, die nur oberflächlich unter „die deutsche Sprache" subsumiert werden können, zumal sich diese erst als Hochsprache herauszubilden begann. In dem folgenden Überblick wird im denkbar pragmatischsten Sinn deutschsprachige Literatur berücksichtigt.

Eine andere Frage ist die nach dem **Kanon:** Welche Autoren und Werke werden aufgenommen, welche werden übergangen? Vollständigkeit ist ohnehin eine Utopie. Dass für eine erste grundlegende Übersicht ganz deutlich ausgewählt werden muss, liegt auf der Hand, es handelt sich nicht um eine Enzyklopädie aller deutschsprachigen Autoren. Wenn also jeweils wichtige Autoren und Werke genannt werden, dann sollen sie exemplarisch die Epochen repräsentieren, mehr nicht.

Mittelalter

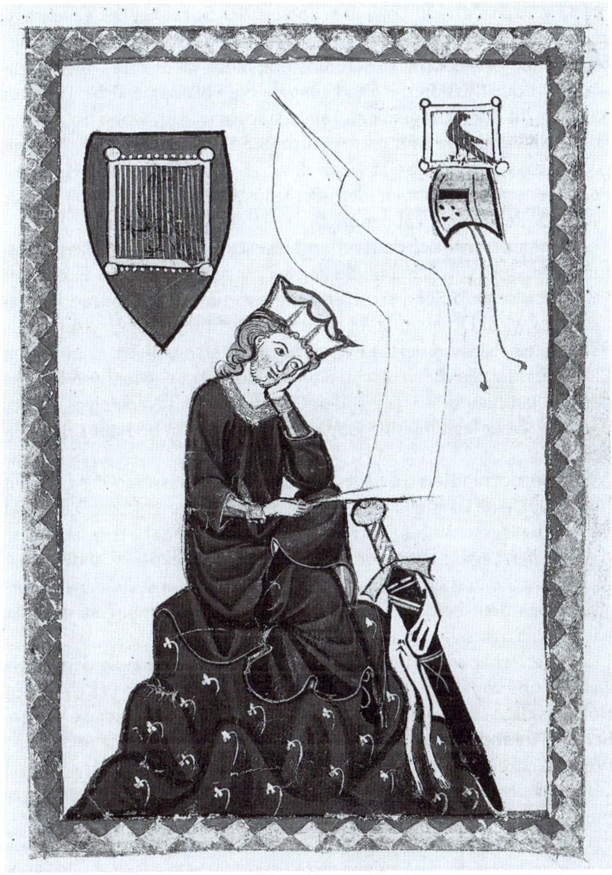

Walther von der Vogelweide (Codex Manesse, um 1300)

Das Mittelalter umfasst einen Zeitraum **vom 9. bis zum 15. Jahrhundert**, also von ca. 700 Jahren. Dabei handelt es sich um keinen homogenen Block; hier können nur die wichtigsten Entwicklungen kurz angedeutet werden.

Die Vielschichtigkeit beginnt schon bei der **Sprache**. Die Gelehrtensprache des Mittelalters war Latein. Schriftkundig waren im frühen Mittelalter nur die Mönche in den Klöstern; diese sahen ihre Aufgabe zunächst in der Mission der Ungläubigen, die volkssprachliche Literatur wurde nicht nur nicht gepflegt, sondern sogar mit Argwohn betrachtet. Die Überlieferungen sind sehr spärlich und zufällig. Das hat auch damit zu tun, dass Bücher äußerst wertvoll waren: Sie mussten von Hand auf Pergament geschrieben werden (Pergament sind dünne Tierhäute; für ca. 370 Seiten Pergament benötigte man 150 Kälber).

Themen der **althochdeutschen Literatur** waren die Völkerwanderungskriege, so im Hildebrandslied, wo ein Vater aus dem Exil heimkehrt, von seinem Sohn nicht erkannt und zum Kampf gegen ihn gezwungen wird. Daneben steht geistliche Dichtung: Der „Heliand" (ca. 830) ist ein harmonisiertes Evangelium in Versen. Nach einer ersten Blüte verstummte die deutsche Literatur zunächst wieder, weil die seit dem 10. Jahrhundert herrschenden Ottonen sich als Nachfolger der römischen Kaiser legitimierten (sog. translatio imperii) und nur Latein zuließen.

Erst im Hochmittelalter haben wir wieder Zeugnisse, so das Ezzolied (um 1060), eine Darstellung der christlichen Heilsgeschichte. Diese und andere Heilsgeschichten waren immer auch politische Literatur und dienten der Legitimation von Herrschaft. Sie reflektieren zudem den Kampf um die Vorherrschaft zwischen Kaiser und Papst (u. a. Investiturstreit), aus dem beide schließlich geschwächt hervorgingen, gestärkt wurden die deutschen Kurfürsten.

Die Herrscher waren immer stärker auf die Unterstützung durch Verwaltung und vor allem durch Ritterschaft angewiesen. Das Leben an den Höfen bildete sein eigenes Ethos aus, die Literatur legte diese **ritterlichen Tugenden** dar: u. a. *arebeit* (stetes Bemühen), *staete* und *triuwe* (Verlässlichkeit), *milte* (Mildtätigkeit), *zuht* (Disziplin), *êre, mâze* (Selbstbeherrschung). Die entsprechenden Texte wurden an den Höfen vorgetragen.

Dies geschieht in der Lyrik, vor allem der **Minnelyrik**, die die frouwe – eine verheiratete adelige und damit unerreichbare Dame – besingt;

damit wird die Sublimation von erotischer Begierde vorgeführt, aber auch die Liebe als Eigenwert gegen die christliche Mariendichtung gesetzt. Die Gedichte sind dabei nicht Ausdruck der Individualität des Sprechers, vielmehr führen sie auf standardisierte Weise das vergebliche Werben um eine typisiert gezeichnete Minneherrin vor. Bedeutendster Lyriker der Zeit war *Walther von der Vogelweide* (ca. 1170–ca. 1230), der es vom fahrenden Dichter zum Lehnsmann Kaiser Friedrichs II. brachte. Er erweiterte die Minnelyrik um den Gedanken der gegenseitigen, erfüllten Liebe und eines Adels der Tugend. Zudem reflektiert er in seiner **Sangspruchdichtung** kritisch die politischen Verhältnisse seiner Zeit.

In den großen **Versepen** ist die Artus-Epik wichtig: Ein Ritter, der am Hof des sagenhaften Königs Artus aufgenommen werden möchte, muss seine ritterliche Tugenden in Abenteuern (âventiuren) bewähren, kehrt zurück, wird zunächst aufgenommen, um sich dann in einer zweiten Ausfahrt endgültig zu bestätigen. Bedeutend ist hier Hartmann von Aue (ca. 1165–1210; bedeutende höfische Romane: „Erec“, „Iwein“).

In dieser Zeit entstehen drei der vielleicht wichtigsten Werke des Mittelalters. Das **Nibelungenlied** – sein Verfasser ist nicht bekannt – führt die Folgen von Maßlosigkeit und Stolz vor: Es erzählt vom Ende des Burgundenreiches in Worms, davon, wie der Held Siegfried für König Gunter die Isländerin Brünhilde in Kampf und Bett erobert und dafür Gunters Schwester Krimhild zur Frau erhält. Als Krimhild später Brünhilde demütigt, lässt diese Siegfried von ihrem Vasallen Hagen erschlagen. Im zweiten Teil heiratet Krimhild Jahre darauf den Hunnenkönig Etzel (Attila). Rachsüchtig lädt sie Gunter und sein Gefolge an ihren Hof. Es kommt zu einem Gemetzel, das zunächst nur Hagen und Gunter überleben. In maßloser Rache tötet Krimhild ihren Bruder und enthauptet eigenhändig Hagen, wird dafür aber von Dietrich von Bern, der ihr die beiden als Gefangene übergeben hat, getötet.

Wolfram von Eschenbach (ca. 1170–1225) verbindet in seinem Versepos **Parzival** den höfischen Tugendkanon mit dem Element der Frömmigkeit. Parzival wächst fern der Gesellschaft, nur von seiner Mutter Herzeloyde erzogen, auf. Als er vier Artusrittern begegnet, möchte er ihnen nacheifern. Nach vielen Abenteuern kommt er zur Gralsburg Munsalväsche, wo er dem leidenden Gralskönig Anfortas kein Mitgefühl erweist, weil er glaubt, dies laufe der höfischen Konvention zuwider. Er wird, zurückgekehrt an den Artushof, von der Gralsbotin Cundrie verflucht. Schließlich sieht er seine mangelnde Demut ein, erlöst nach weiteren Abenteuern Anfortas und erringt den Gral. Gott und Welt sind versöhnt.

Der Fragment gebliebene Roman **Tristan** von *Gottfried von Straßburg* entwirft ein hohes Ideal der Liebe, die als echte Emotion den höfischen Konventionen entgegensteht. Tristan soll als Brautwerber für seinen Herrn und Onkel, König Marke, Isolde aus Irland heimbringen. Die beiden verfallen einander, nachdem sie versehentlich einen Liebestrank, Symbol einer unberechenbar einbrechenden Emotion, getrunken haben. Am Hof führen sie eine heimliche Beziehung und fliehen schließlich in die Natur, wo sie in einer Liebesgrotte Erfüllung finden. Die Utopie der reinen Liebe hat jedoch keinen Bestand; um ihre *êre* (ihr gesellschaftliches Ansehen) zu wahren, kehren sie zurück an den Hof, wo Isolde, nachdem Tristan verbannt worden ist, gekettet an den eifersüchtigen Marke zugrundegeht. Gottfrieds Text ist formal virtuos komponiert und immer wieder von reflektierenden Passagen durchzogen.

Das Spätmittelalter nach dem Tod Friedrichs II. war gekennzeichnet von anhaltendem Krisenbewusstsein. Papst (bzw. Gegenpäpste) und Kaiser hatten an Macht verloren, die Lokalfürsten trieben ihre Machtpolitik. Die Städte entwickelten sich zu einem selbstständigen Kulturfaktor. Die scholastische Buchwissenschaft wurde allmählich abgelöst von der empirischen Erfahrung und dem Experiment (R. Bacon, W.v. Ockham), und auch die Erfahrung der Pest etwa trug dazu bei, dass die Welt immer weniger als Symbol Gottes gesehen wurde. Die Darstellungen wurden realistischer. Für die Literatur war nicht zuletzt die Erfindung des Papiers (ab 1390) und vor allem des Buchdrucks (J. Gutenberg 1448) umwälzend.

Es entfaltete sich die **Mystik**, die eine unmittelbare Gotteserfahrung *(unio mystica)* im unmittelbaren Erleben – d. h. auch jenseits der kirchlichen Institutionen und Sakramente – postulierte. Hier waren früh schon Frauen wie Hildegard von Bingen (1098–1179) prägend. Der wirkungsmächtigste Mystiker, der Dominikaner Meister Eckhart (ca. 1260–1328), verwendete das Deutsche ganz bewusst als Gegensprache zum Kirchenlatein und erweiterte den Wortschatz um viele abstrakte Begriffe sowie um viele Metaphern für seelische Vorgänge.

Frühe Neuzeit und Barock

Eine Perle, die schief gewachsen und etwas unregelmäßig war, hieß im Portugiesischen „barocco“. Als Epochenbezeichnung war der Ausdruck zunächst durchaus abwertend gemeint, der Barock wurde als Verfall der Renaissance wahrgenommen. Erst allmählich, eigentlich erst im 20. Jahrhundert, setzte sich ein positiveres Bild durch. Die Epoche erstreckte sich **von ca. 1600 bis zum Beginn des 18. Jahrhunderts**.

Jacob Marrel: Vanitas (1637)

1 Hintergründe

Im 16. Jahrhundert begann mit der **Neuzeit** eine neue geschichtliche Großepoche, auch wenn sie in Vielem schon vorbereitet war. Durch die Entdeckungen erweiterte sich für Europa die Welt enorm, die Kolonialisierung der Neuen Welt brachte eine Verschiebung der europäischen Mächteverhältnisse.

Die **modernen Wissenschaften** entstanden in dieser Zeit. War es im Mittelalter noch so, dass sich die Wahrnehmung vor dem feststehenden Buchwissen zu rechtfertigen hatte, wurde die Naturwissenschaft nun auf eine empirische Grundlage gestellt: Experimente entschieden über die Geltung der Theorie. Astronomische Beobachtungen führten bei Galilei zur Abkehr vom geozentrischen Weltbild. Ausgehend von Keplers Theorie der Planetenbahnen entwickelte sich binnen eines Jahrhunderts eine neue Physik. Newton formulierte sie 1687 und konzipierte – wie auch unabhängig von ihm Leibniz – mit der Infinitesimalrechnung neue mathematische Werkzeuge.

Die **Erkenntnistheorie** suchte diese Praxis zu untermauern; hier konkurrieren Ansätze des Rationalismus (alle Erkenntnis beruht auf Ideen, die in der Seele immer schon dunkel vorhanden sind und nur zu Klarheit und Deutlichkeit gebracht werden müssen; Vertreter: René Descartes, Gottfried Wilhelm Leibniz) und des Empirismus (alle Erkenntnis fließt nur aus Wahrnehmungen; Vertreter: John Locke, George Berkeley).

Der **Humanismus** blühte und förderte in der italienischen Renaissance eine Ausrichtung auf das Individuum, auf das Diesseits. Die Architektur orientierte sich zunächst am Symmetrie-Ideal der Antike. Bald aber wurden diese Formen im Barock zunehmend ornamentalisiert, dynamisiert, verzerrt.

Politisch begründete eine zunehmende Zentralisierung den **Absolutismus**. Damit einher ging in Deutschland einerseits eine starke Regionalisierung – der Kaiser war schwach. Zum anderen führte der Absolutismus in Verbindung mit der Macht des städtischen Handelskapitals und mit militärischen Fortschritten (Schusswaffen, Landsknechte) zu einem Bedeutungsverlust des niederen Adels. Ausbeutung der Landbevölkerung und **extreme soziale Spannungen**, die in Bauernaufständen eskalierten, waren die Folge. Pestepidemien und die beginnende kleine Eiszeit verschärften die Lage (Hungersnöte).

Diese unsicheren Lebensbedingungen führten auch zu einer starken Religiosität. Exzesse wie die Hexenverfolgung zeigen die Aufgewühltheit der Zeitgenossen. Die **Reformation** war eine Revolution der europäischen Geschichte. Martin Luther stellte 1517 seine 95 Thesen auf. Er proklamierte, der sündige Mensch werde nur „sola scriptura, sola gratia, sola fide" erlöst: nur durch die Heilige Schrift, durch die Gnade Gottes und durch den Glauben – und nicht durch die Kirche und ihre Institutionen. Die absoluten Gebietsfürsten machten alsbald mit Religion Politik und schrieben ihren Untertanen die **Konfession** vor. Die katholische Kirche holte zur **Gegenreformation** aus (Konzil von Trient 1545–1563, Gründung des Jesuitenordens). Der Konflikt spitzte sich immer mehr zu und gipfelte schließlich im **30-jährigen Krieg** (1618–1648). Mitteleuropa wurde mit unsagbarem Gräuel überzogen, die Heere zogen kämpfend, mordend und plündernd durch die Lande, ein Drittel der Bevölkerung überlebte den Krieg nicht (in manchen Gegenden waren es über 80 %). Erschöpft und ausgeblutet blieb das Land zurück. Die Türken standen 1529 und nochmals 1683 vor Wien, dem Sitz des römisch-deutschen Kaisers. Zugleich entfalteten die absolutistischen Höfe ein strenges Zeremoniell, das den Adel disziplinierte, sowie ungeheure Pracht und Festlichkeiten nach dem Vorbild des französischen Sonnenkönigs Ludwig XIV. Beides führte zur Ausbeutung der einfachen Landbevölkerung.

2 Literatur in Früher Neuzeit und Barock

2.1 Literatur der Frühen Neuzeit

Der **Humanismus** (z. B. Erasmus von Rotterdam, 1466–1536) besann sich auf die Antike zurück und stellte das diesseitige Individuum mit seiner Leistung und seinem Glück ins Zentrum. Als Massenmedium neben der Predigt entwickelte sich das geistliche **Schauspiel** als Darstellung der Heilsordnung, aber auch das Fasnachtsspiel, in dem es um das Wechselspiel von Sexualität und Selbstbeherrschung geht (z. B. Hans Sachs, 1494–1576). Die **Satire** erlebte eine Blüte (z. B. Sebastian Brant: „Das Narrenschiff" 1494; Hermann Bote: „Ein kurztweilig Lesen von Dyl Vlenspiegel" (Till Eulenspiegel) 1510).

2.2 Interpretationsmodell Barock

- Grundlegend ist die Erfahrung der **vanitas**, der Vergänglichkeit, die in der Literatur dargestellt und verarbeitet wird. Sie führt (1) zu einer starken Abkehr von der Welt (**Weltflucht**, Motiv des **memento mori**), die sich in der Frömmigkeit auf das Jenseits richtet oder im Neustoizismus eine Kultur der Seelenruhe entfaltet; (2) zum Genuss des flüchtigen Augenblicks (**Weltsucht**, carpe diem); (3) zu einem starken **Ordnungsstreben** in Inhalt (Ordnung des Wissens als Ordnung des Kosmos) und Form.
- Erfahrungen werden nicht als individuelles Erlebnis dargestellt, sondern als allgemeine, typisierte menschliche Erfahrung.
- Der Barock entwickelt ein starkes **Formbewusstsein**. Es dominieren stark geregelte Formen wie das Sonett (Alexandriner), das Figurengedicht oder das Versdrama. Häufig ist die Antithetik, die die unversöhnlichen Widersprüche der Zeit widerspiegelt. Die Form wird virtuos vorgeführt (**Manierismus**), was nicht Virtuosität um ihrer selbst willen ist, sondern zum einen Spiegel der inneren Leere des höfischen Zeremoniells, zum anderen ein Mittel, um den Leser zur Reflexion zu provozieren und ihn durch kühne Metaphern dazu zu bringen, neue und ungewöhnliche Querverbindungen herzustellen. Gerade die religiöse Mystik treibt hier die Sprache an ihre Grenzen.
- **Rhetorik** ist die Grundlage der Dichtung. Es entstanden **Poetiken**, d. h. Lehrwerke, die poetisches Schreiben durch Regeln und *exempla* (Beispiele) anleiteten; damit sollte die deutsche Dichtung auf europäisches Niveau gehoben werden. Am wirkmächtigsten waren das „Buch von der Deutschen Poeterey" von Martin Opitz (1624), das zum ersten Mal die Spezifika der deutschen Metrik gegen die romanische abgrenzte (Betonung statt Längen) und den antiken Hexameter durch den Alexandriner zu ersetzen empfahl, und der „Poetische Trichter" von Georg Philipp Harsdörffer (1647).
- Im Barock wurde die Sprachpflege als eigene Aufgabe wahrgenommen; damit wurde unter anderem auf die Zersplitterung der Sprache in Dialektgebiete reagiert. Es entstanden überregionale **Sprachgesellschaften** wie die „Fruchtbringende Gesellschaft" in Weimar.
- Das **Theater** wird zu einer Leitmetapher, einer Metapher für die Welt („theatrum mundi"), die sinnlich erfahrbar und doch nicht wirk-

lich ist. Das Hoftheater trieb einen hohen Aufwand, um Illusionen und Sensationen zu erzeugen; die Theaterbauten bildeten die hierarchische Gesellschaftsordnung ab. Wanderbühnen sorgten mit einfachen Mitteln für Unterhaltung. Und in den Schulen (Jesuiten, lutheranische Schulen) diente das Theater als Medium moralischer Belehrung und religiöser Ideologie wie auch rhetorischer Übung.

- Im Barock blühte auch die **Satire**, die einerseits Distanz zu den herrschenden Verhältnissen herstellt und andererseits die Welt, wie sie ist, als verzerrte Welt darstellt. Die Gattungen reichen von den kurzen Epigrammen eines Friedrich von Logau (1605–1655) über Komödien oder die Predigten von Abraham a Sancta Clara (d. i. Johann Ulrich Megerle, 1644–1709) bis hin zum Picaro-Roman wie „Schelmuffskys Wahrhafftige Curiöse und sehr gefährliche Reisebeschreibung zu Wasser und Lande“ (1696) von Christian Reuter oder Grimmelshausens „Simplicissimus“ (s. u.).

Entwicklung der Gattungen

In der **Lyrik** dominiert eine große Formstrenge. Vor allem die Liebeslyrik orientiert sich am Muster des Italieners Francesco Petrarca mit ihrer Darstellung idealtypischer Schönheit, die häufig deren Merkmale metaphorisch aufzählt *(enumeratio partium)*. Christian Hoffmann von Hoffmannswaldau (1616–1679) schreibt manieristische Liebesgedichte, die die Dämonie des Eros zeigen. Daneben entsteht viel Gebrauchslyrik für Feste. Auf der anderen Seite blüht die geistliche Lyrik. Wichtig für den Barock ist das Emblem, das aus einer Überschrift *(inscriptio)*, einem Bild *(pictura)* und einem Begleitgedicht *(subscriptio)* besteht, die sich wechselseitig kommentieren und immer wieder neu kombiniert werden können.

Beim **Drama** dominieren in der Tragödie mythologische Stoffe. Andreas Gryphius (1616–1664) vertritt hier eine neustoische Position, d. h., die unerschütterliche Seelenruhe (Ataraxie) ist die angemessene Reaktion des Einzelnen in seiner Ausgeliefertheit an Schicksal und Macht.

Der **Barockroman** dient als Ritter- bzw., nach seiner Hauptfigur, als „Amadis-Roman“ zur höfischen Repräsentation und Belehrung über höfische Gepflogenheiten. Der Schäferroman stellt dagegen eine ferne Idylle dar. Zentral ist der Schelmenroman. Der Schelm (oder Picaro) ist ein meist kleinbürgerlicher Held, der sich listig durch die Welt wurstelt und auch vor zweifelhaften Mitteln nicht zurückschreckt. Er schildert die Welt aus der Ich-Perspektive, häufig von unten und satirisch-entlarvend, und gewinnt schließlich eine halbwegs sichere Existenz.

In der **geistlichen Dichtung** entstehen unzählige geistliche Lieder: Martin Luther und Paul Gerhardt (1607–1676) auf protestantischer, Friedrich Spee zu Langenfeld (1591–1635) auf katholischer Seite. Auch die **Mystik** ist bedeutend. Im Protestantismus hat sie ihren Ort nicht mehr in den Klöstern, sondern in kleinen Konventikeln, die sich von der Kirche abgrenzen. Es geht zunehmend um die Selbsterfahrung. Die Mystiker bringen die Sprache an ihre Grenzen, um sich von der Sprache der Kirche abzusetzen, aber auch um manieristisch-experimentell eine Sprache für das Unsagbare zu finden. Jakob Böhme (1575–1624) entwickelt hier eine eigene Sprachphilosophie, die „Natursprachlehre". Weitere Vertreter, alle aus Schlesien, sind Quirinius Kuhlmann (1651–1689), Angelus Selesius (d. i. J. Scheffler, 1624–1677) und als wohl bedeutendste Dichterin des Barock Catharina von Greiffenberg (1633–1694).

2.3 Wichtige Vertreter und ihre Werke

Frühe Neuzeit

Anonym

- **„Historia von D. Johann Fausten"**. Dieses Volksbuch, 1587 anonym erschienen, stellt den Gelehrten am Übergang vom Mittelalter zur Neuzeit dar. Es schildert Fausts Pakt mit dem Teufel und in einer bunten Folge seine Erlebnisse auf seiner Weltfahrt. Faust steht für die Neugierde und die sinnliche Lust, die beide im Mittelalter tabuisiert und in diesem Warnbuch noch verurteilt wurden. Dennoch wurde Faust von den Lesern als Verkörperung des neuen Zeitgeists wahrgenommen, als selbstbestimmtes Individuum, das die alten Fesseln ablegt. Bis hin zu Goethe hatte das Volksbuch eine große Wirkung.

Martin Luther (* 10. 11. 1483 Eisleben, † 18. 2. 1546 ebd.)
„Hier stehe ich, ich kann nicht anders." Luthers bekannter Satz auf dem Reichstag in Worms, wo er öffentlichkeitswirksam seiner Lehre abschwören sollte, ist charakteristisch: Ein neues Selbstbewusstsein spricht hier im Bewusstsein seiner öffentlichen Wirkung. – Luther stammte aus einer Bauernfamilie, konnte aber ab 1501 in Erfurt studieren und trat 1505 dem Augustinerorden bei. 1512 ging er als Professor für Bibelauslegung nach Wittenberg. Hier verfestigte sich seine Auffassung, dass sich die Kirche in den Machtkämpfen mit dem Kaiser und durch die Verweltlichung unter den Renaissancepäpsten – Indikator ist der Handel mit dem Ablass, die Sündenvergebung gegen Geld – vom

wahren Glauben entfernt habe. Mit seinen 95 Thesen von 1517 begann die Reformation. Nach seinem Auftritt in Worms versteckte Luther sich auf der Wartburg. Er wurde zum Brennpunkt verschiedener revolutionärer Bestrebungen; doch vom Bauernaufstand distanzierte er sich genauso wie vom Humanisten Erasmus – obwohl er dem Humanismus in Vielem verpflichtet war. In Flugschriften war Luther öffentlich präsent, er wollte dem „gemeinen Manne" dienen; der Buchdruck und die konsequente Verwendung des Deutschen waren die wesentlichen medialen Voraussetzungen. Der Schriftsteller Luther verwendete zudem eine bildmächtige Sprache, die „dem Volk aufs Maul schaut". Er nutzte populäre Gattungen wie Predigt, Tischrede, Fabel. Vor allem aber übersetzte er die Bibel ins Deutsche. Er war nicht der Erste, der das tat, aber er übersetzte für das Volk, d. h., er übersetzte nicht in erster Linie dem lateinisch-griechischen Wortlaut nach, sondern im Dienst des Sinns und der Verständlichkeit für sein Publikum. Der Erfolg war durchschlagend: Nachdem das Neue Testament 1522 und der Gesamttext 1534 herausgekommen waren, erlebte die Lutherbibel noch zu Lebzeiten Luthers 253 Neuauflagen und war in einer Millionenauflage überall präsent. Luther gilt nicht zu Unrecht als Schöpfer eines einheitlichen Deutsch, das er auf Grundlage der Kanzleisprache entwickelte.

Barock

Paul Gerhardt (* 12. 3. 1607 Gräfenhainichen, † 27. 5. 1676 Lübben)
Gerhardt studierte im lutherischen Wittenberg Theologie. Danach schlug er sich über zwanzig Jahre lang als Hauslehrer durch, bis er als Propst in Mittenwalde eine Stelle fand. Er musste sie schließlich verlassen, weil er als Lutheraner seinem strengen reformierten Landesherrn keinerlei theologische Zugeständnisse zu machen bereit war. Gerhardt ist bis heute in seinen Liedtexten präsent, die zwischen Anfechtung, Buße und Gottvertrauen pendeln und häufig auf Bibelstellen zurückgehen: „O Haupt voll Blut und Wunden", „Geh aus mein Herz und suche Freud", „Nun ruhen alle Wälder", „Ich steh an deiner Krippen hier".

Grimmelshausen, Hans Jacob Christoffel von
(* 1621 Gelnhausen, † 17. 8. 1676 Renchen)
Grimmelshausen verschlug es nach kurzer Schulbildung – er war Autodidakt – in den Militärdienst, der ihn während des 30-jährigen Krieges in ganz Deutschland herumbrachte. Ab 1649 als Verwalter in der Nähe von Offenburg, wurde er 1667 Bürgermeister im nahegelegenen Renchen.

- **„Der Abentheuerliche Simplicissimus Teutsch (...)“** (1669): Simplicius wächst erst bei einem Spessartbauern, dann bei einem Eremiten auf – Weltflucht erscheint als Ideal, das am Ende wiederkehrt. Nach dem Tod des Eremiten geht Simplicissimus als Page zum Stadtkommandanten von Hanau, wo er als Hofnarr lebt. Er wird Soldat und kommt in ganz Europa sowie in Russland, Korea und der Türkei herum und erlebt zahlreiche Abenteuer. Schließlich lässt er sich im Schwarzwald fern der Zivilisation nieder. Im sechsten Buch wird er auf eine einsame Insel verschlagen – die erste deutsche Robinsonade.

Andreas Gryphius (* 2. 10. 1616 Glogau, † 16. 7. 1664 ebd.)
Gryphius, Pfarrerssohn, lernte früh die Wirren des 30-jährigen Krieges kennen und kam ab 1634 als Student in Danzig und als Hauslehrer auf einem Gut bei Fraustadt zur Dichtung. Damals entstand das berühmte Zeitgedicht „Alles ist eitel“. Seine Sonette, die er im niederländischen Leiden (dort Studien der Staatslehre und Naturwissenschaften) und auf Reisen verfasste, machten ihn bekannt. Seine Trauerspiele kreisen um die Themen Vergänglichkeit und Prinzipientreue. Die Lustspiele ziehen ihre Komik aus unstandesgemäßem Verhalten („Horribilicribrifax“ 1663). In seiner Komödie „Absurda Comica. Oder Herr Peter Squentz“ (1657) parodiert er die kleinbürgerliche Ästhetik des Meistersangs.

Christian Hoffmann von Hoffmannswaldau
(* 1616 Breslau, † 18. 4. 1679 ebd.)
Der Patriziersohn wuchs ungestört vom Krieg auf. Nach Schule und Studium unternahm er eine zweijährige Bildungsreise durch Europa. Auf familiären Druck hin kehrte er nach Breslau zurück und wurde nach einer Zeit des Privatisierens Mitglied des Stadtrats und als solches ein erfolgreicher Diplomat und geschätzter Gesellschafter. Seine Lyrik ist geprägt vom „carpe diem“, von Lebenszugewandtheit und sinnlicher Lust; er schrieb aber auch geistliche Lieder und melancholische Reflexionen.

Martin Opitz (* 23. 12. 1597 Bunzlau, † 20. 8. 1639 Danzig)
Obwohl Opitz nie eine Universität besuchte, wurde er zum wichtigsten Literaturtheoretiker des Barock. Mit seinem „Buch von der Deutschen Poeterey“ (1624) begründete er eine deutsche Nationalliteratur, die er aus dem Geist des Humanismus konzipierte. Er verfasste Modellgedichte und übersetzte antike Dramen und die Bibel, führte die Gattung der Schäferdichtung in Deutschland ein und gab das frühmittelhochdeutsche Annolied heraus. – Vom Krieg durch halb Europa gejagt, machte er in den 1630er-Jahren Karriere als Diplomat, bevor ihn die Pest dahinraffte.

Barock

30-jähriger Krieg 1618 – 1648
grausamer Religionskrieg, ⅓ der Bevölkerung stirbt

„Es ist alles eitel" (A. Gryphius)

vanitas

Weltsucht
„carpe diem"
Sinnlichkeit

Weltflucht
„memento mori"
Frömmigkeit

- Antithetik
- Formstrenge, Manierismus
  z. B. Sonett, Gartenanlagen
- Bildlichkeit, *z. B. Emblem*
- Ordnungsstreben
  Rationalismus vs. Empirismus
  Topiken

Aufklärung

Aufklärung (engl. enlightenment, frz. lumières) ist wörtlich die Erleuchtung der Welt und des Menschen durch die **Vernunft**. Aufklärung ist zunächst also ein systematischer Begriff. Als Epochenbezeichnung umfasst er das **ausgehende 17. und das 18. Jahrhundert** als eine Zeit, in der die endgültige Loslösung vom Mittelalter erfolgte und sich wesentliche Weichenstellungen der europäischen Kulturgeschichte vollzogen, die bis in die Gegenwart hinein wirksam sind. Die Aufklärung ist damit weit mehr als eine nur literaturgeschichtliche Epoche.

Erklärung der Menschen- und Bürgerrechte (1789)

1 Hintergründe

Politisch war die Epoche nach dem 30-jährigen Krieg zunächst von relativer Ruhe geprägt. Die europäische Mächteordnung hatte sich stabilisiert, die Türken werden aus Mitteleuropa hinausgedrängt. Deutschland war in eine Fülle von Territorien zersplittert, in denen sich absolutistische Fürsten hielten. Auch wenn Preußen immer mehr zu einem Machtfaktor aufstieg, erreichte doch kein Hof die Macht und Prachtentfaltung des französischen Sonnenkönigs **Ludwig XIV.**, der gerade deshalb Vorbild der deutschen Fürsten war. Diese Ordnung war bis weit ins 18. Jahrhundert hinein stabil.

Die USA lösten sich von Europa und proklamierten eine Verfassung, die ganz aus dem Geist der Aufklärung gedacht ist: Die Rechte des Bürgers werden geschützt, die Menschenrechte verankert. Die Idee der Menschenrechte avancierte zu einem Grundkonzept des Rechts, das dem Souverän die Grundrechte des Einzelnen entgegensetzt.

Es war eine Zeit des **kulturellen Aufschwungs**. In der Musik ging der Barock mit einer letzten Blüte bei Händel und Bach über in die Klassik. In der Architektur wandelte sich der Stil noch etwas später in der zweiten Hälfte des 18. Jahrhunderts von Barock zum verspielten Rokoko und dann zum Klassizismus als nüchternerer, an der Antike orientierter Ausrichtung. Die Naturwissenschaften entfalteten sich, die Physik wurde in mathematischen Axiomen erfasst, klärte die Begriffe der Kraft, des Impulses und der Energie als Grundgrößen der Mechanik und entdeckte die Elektrizität. Biologie und Chemie etablierten sich allmählich als eigenständige Disziplinen: Mit dem Konzept des „Bildungstriebes“ wurde eine eigene Lebenskraft postuliert, Lavoisier ebnete einer quantitativen Chemie den Weg.

Die **Erkenntnistheorie** untermauerte sie; die Ansätze des Rationalismus (Analyse der Begriffe) und Empirismus entwickelten sich fort, aber erst Immanuel Kant gelang dann eine tragfähige Verbindung dieser Ansätze. Anthropologisch wurde der Mensch entsprechend entweder als Geistwesen (Spiritualismus) oder als materielle Maschine gedacht (Materialismus). Die deutsche Tradition der philosophischen Ärzte versuchte hier, eine vermittelnde Anthropologie zu schaffen.

Die Kirche verlor nach dem Gräuel der Konfessionskriege immer mehr an Einfluss. Die Orientierung an der Vernunft bedeutete auch eine durchgreifende **Säkularisierung**, die vom Diesseits aus dachte. Dies schlug durch bis in die Theologie: Der **Deismus** ging von einem rationalen Zugang zu Gott aus: Dieser offenbare sich physiko-theologisch, d. h. er zeige sich in der Natur und in ihren Gesetzen und sei auf diese Weise dem Verstand zugänglich. Die historische Bibelkritik begann, die Bibel als ein historisches Dokument zu lesen. Der Pietismus als protestantische Erneuerungsbewegung setzte das unmittelbare persönliche Gotteserlebnis dagegen.

Das **Bürgertum** gewann als neue Schicht immer mehr an Einfluss, sowohl wirtschaftlich durch den Aufschwung des Handels als auch als kulturtragende Schicht, die den Adel in dieser Rolle allmählich verdrängte. Dies war gerade für die Literatur als eines der Medien des Bürgertums von großer Bedeutung. Hatte das Bürgertum zunächst noch kaum politischen Einfluss, führte das Streben nach politischer Partizipation schließlich zum Zusammenbruch der alten Ständeordnung in Mitteleuropa. In Deutschland freilich gelang es den absolutistischen Regimen, das Bürgertum in die Beamtenschaft einzubinden.

2 Interpretationsmodell Aufklärung

- Zentral für die Aufklärung ist die Orientierung an der menschlichen **Vernunft**. Sie wird als zentrale Befähigung des Menschen begriffen, die über Wahrheit und Richtigkeit entscheidet und ihn aus den überkommenen Traditionen, Normen und Konventionen befreit. Die Vernunft soll von der Literatur zum Ausdruck gebracht, aber auch gefördert werden. Die Literatur wird dabei als anderen Künsten überlegen angesehen, weil ihr Medium Sprache und Begriff ist. – Wo die Aufklärung nur auf das technisch Nützliche verkürzt wird, wird sie zu Recht Gegenstand der Kritik.
- Im Zentrum der Aufklärung steht das **autonome Individuum**. Es erkennt als Subjekt die Welt der Objekte und ist für seine freien Handlungen verantwortlich. Es (und nicht die Obrigkeit) bestimmt sich selbst in seiner Religion, seinen Meinungen, seinen Interessen. Es wird zum Ausgangspunkt der Staatstheorie (Vertragstheorien). Es ist Träger von Menschenrechten, die der Staat zu respektieren und zu schützen hat. Es übt umgekehrt **Toleranz** gegenüber anderen.
- Allgemein herrscht ein großer **Optimismus**, dass die Menschheit immer stärker die Vernunft entfaltet und nutzt und dass die Ge-

schichte daher ein **Fortschritt** zu einem immer vernünftigeren und humaneren Leben sei.

- Vernunft ist, mit der Formulierung Kants, „der Ausgang des Menschen aus seiner selbstverschuldeten Unmündigkeit“. Dies beinhaltet **Kritik** an herrschenden Meinungen und Vorurteilen, von denen sich der vernünftig Urteilende immer mehr emanzipiert. Kritik meint für Kant aber auch, die **Grenzen der menschlichen Vernunft** selbst erkennen zu können. Aufklärung wird als eine **pädagogische Aufgabe** von oben verstanden. Dies führt nicht nur zu einer Aufwertung der Pädagogik als einer eigenständigen wissenschaftlichen Disziplin und zu vielen schulreformerischen Ansätzen (u. a. Pestalozzi), sondern auch in der Literatur zu einer Renaissance von lehrhaften Gattungen wie Fabel, Parabel oder Epigramm, aber auch dem Lehrgedicht, Satire, Essay oder Bildungsroman.
- Zu den **Emotionen** hat die Aufklärung ein distanziertes Verhältnis. So basiert Lessings Dramentheorie auf einer Reinigung von einem Übermaß an Emotionen. Auf der anderen Seite entsteht als ein Gegenimpuls zur starken Vernunftzentrierung die **Ästhetik** (wörtlich: Lehre von der Wahrnehmung) als eine Theorie der „niederen Erkenntnisvermögen“, d. h. von Wahrnehmung, Emotionalität und Einbildungskraft.

Literarisches Leben

- Wenig ausgeprägt ist in der Aufklärung zunächst – weil gerade in den deutschen Ländern das Bürgertum oft in den staatlichen Beamtenapparat eingebunden war – die politische Kritik am Absolutismus und an konkreten Missständen. Dies ändert sich erst in der Spätaufklärung (Forster, Seume), nicht zuletzt auch als Rückwirkung des Sturm und Drang auf die Aufklärung.
- Aufklärung will ein Publikum erreichen. Im 18. Jahrhundert entwickelt sich rasant eine **Lesekultur**. Es entsteht eine literarische **Öffentlichkeit**, d. h., es etablieren sich **Zeitschriften** (literarische Wochenschriften, Almanache, Kalender), die nicht nur ein literarisches, sondern ein philosophisches, medizinisches, landwirtschaftliches oder alltagspraktisches Themenspektrum abdecken. „Moralische Wochenschriften“ haben explizit die sittliche Verbesserung der Gesellschaft zum Anliegen. Daneben entsteht der Buchmarkt. Verlagshäuser betreiben diese Zeitschriften mit kommerziellem Interesse, aber

auch aus verlegerischem Idealismus. Die Adressaten sind mehr und mehr auch **Frauen**. Gelesen wird in Gesellschaft: in **Lesezirkeln** oder Vereinigungen, aber auch laut in Gasthäusern. Allmählich bildet sich ein bürgerliches Theaterpublikum heraus. Die Literaturrezeption wird damit auch extensiver, d. h., es werden nicht einige wenige Texte (Bibel, Katechismus) immer wieder intensiv, sondern viele Texte unterschiedlichster Art gelesen.

- Mit diesem literarischen Markt verbinden sich zwei wesentliche Neuerungen: zum einen das **Urheberrecht**, an dem zunächst die Zensurbehörden ein Interesse haben, um die Urheber obrigkeitsfeindlicher Texte identifizieren zu können; dagegen steht das aufklärerische Postulat der freien Meinungsäußerung. Das Urheberrecht führt aber auch dazu, dass sich ein Recht am geistigen Eigentum bildet. Dieses Recht ist die Voraussetzung dafür, dass ein Leben als **freier Schriftsteller** möglich wird, der vom Erlös seiner Schriften leben kann.

Poetik

- Die Orientierung an der Vernunft führt zu einer rationalistischen, normativen **Regelpoetik**, die strikte Regeln für ein vernunftgemäßes und die Vernunft des Publikums förderndes Schreiben aufstellt (Gottsched), auch und vor allem für das Drama. Diese Regelpoetik ruft jedoch eine **Gegenbewegung** hervor, die die Empfindungen wieder aufwertet; die Literatur soll das „**Wunderbare**" (J. J. Bodmer, J. Breitinger) darstellen; und sie soll – wie alle Künste – eine **Analyse und Steuerung der menschlichen Wahrnehmung und Empfindung** leisten.
- Das Stilideal der Aufklärung ist **Klarheit** und **Verständlichkeit**. Die auffällige Stilistik des Barock wird als „Schwulst" verworfen. Regionale Eigentümlichkeiten und altertümliche Begrifflichkeit werden vermieden. Das **Deutsche** wird als vollwertige Sprache aufgewertet, einerseits gegen die traditionelle Universitätssprache des Latein, das seit der ersten deutschen Vorlesung Christian Thomasius' kontinuierlich an Bedeutung verliert, andererseits gegen das Französische als Sprache der absolutistischen Höfe, die sich am Vorbild Ludwigs XIV. orientieren.

Entwicklung der Gattungen

- Damit einher geht die **Aufwertung der Prosa** als ungebundene Sprache. Mit ihr wird der **Roman** als eine vollwertige Gattung der Literatur anerkannt und nicht länger als bloße Unterhaltungsliteratur abgetan und gepflegt. Er differenziert sich aus (Autobiografie, Briefroman, Bildungsroman, psychologischer Roman usw.). Thematisch nimmt er oft ein Individuum in seiner Entwicklung in den Blick, eignet sich aber auch als Vehikel für Weltwissen oder moralisch-sittliche Belehrung.
- Dem **Drama** wird von Gottsched die Aufgabe zugeschrieben, die Welt abzubilden und moralische Wahrheiten wirksam darzustellen. Sein Vorbild ist die klassizistische französische Tragödie. Es gelten die Forderungen nach Einheit von Ort, Zeit und Handlung und die Theorie der Fallhöhe (nur hochgestellte, also adlige Figuren können tragisch scheitern); Gottscheds Feindbilder sind das barocke Theater und die Figur des Hanswursts. – Lessing hingegen bestimmt das Drama über seine Wirkung auf den Betrachter. Er schließt an die antike **Katharsis-Lehre** an: Durch die Erregung von Furcht und Mitleid soll das Drama den Betrachter von einem Übermaß dieser Emotionen reinigen.
- Neu entsteht das **bürgerliche Trauerspiel**. Es thematisiert die Frontstellung von Bürgertum und Adel und deren jeweiligem Tugendverständnis. Entgegen der alten Fallhöhentheorie, wonach nur Adlige tragisch scheitern können, stehen hier Bürgerliche im Zentrum. Oft wird leidenschaftlich agiert, die Liebe ist eine Kraft, die sich an den Schranken von Konvention und Stand bricht. Das bürgerliche Trauerspiel dient der Bestätigung bürgerlicher moralischer Werte gegen gesellschaftliche Konventionen und Ständeordnung und gegen die ethisch korrumpierte Aristokratie. Es hat in der Regel fünf Akte wie die Tragödie, ist aber in Prosa formuliert.
- Die **Lyrik** spielt in der Aufklärung eine Nebenrolle. Es dominieren Idyllik und Naturdichtung. Zudem wird die Gattung des Lehrgedichts gepflegt (Albrecht von Haller, Barthold Heinrich Brockes).

3 Korrespondierende Gegenströmung: Empfindsamkeit

Die Empfindsamkeit wertet gegenüber der starken Ausrichtung auf die Vernunft die Gefühle auf und zielt auf eine mit der Vernunftaufklärung korrespondierende Aufklärung des Gefühls. Der Begriff ist eine Übersetzung des engl. „sentimental" im Titel von L. Sternes Roman „A Sentimental Journey". Einflüsse gehen vom Pietismus aus (s. S. 21). Mindestens ebenso prägend ist die englische Moral-sense-Theorie, die moralische Urteile auf ein grundlegendes moralisches Empfinden zurückführt. Die Gefühlskultur der Empfindsamkeit ist ein wichtiger Faktor der Emanzipation des Subjekts. Sie differenziert eine genaue psychologische Sprache aus. Und sie stellt sich dem aufklärerischen Ideal der vollkommenen Selbsttransparenz des Subjekts entgegen; dieser moderne Ansatz weist voraus bis in die Romantik.

Die Gefühls- und Freundschaftskultur schlägt sich in sog. „Schäferspielen", im „weinerlichen Lustspiel" (nach frz. Vorbild) und im empfindsamen Roman nieder, der oft – bei wenig Handlung – in langen Exkursen die Befindlichkeiten der Figuren reflektiert. Prominent ist die Lyrik; dort verbindet sie sich mit der Anakreontik, einer lebensfrohen und weltzugewandten Dichtung des Rokoko. Die Empfindsamkeit entfaltet ihre Wirkung dann in der Ästhetik (s. o.). Sie bereitet den Sturm und Drang (s. S. 31 ff.) vor, der im Gegensatz zur Empfindsamkeit auf einen weniger reflektierten, direkteren und auf Wirkung angelegten Gefühlsausdruck setzt.

Einer der wesentlichen Vertreter der Empfindsamkeit ist Friedrich Gottlieb Klopstock (1724–1803), der vor allem mit seinem großen Versepos „Der Messias", aber auch mit seiner Erlebnislyrik die Lyrik des 18. Jahrhunderts maßgeblich beeinflusste. Mit seiner „deutschen Gelehrtenrepublik" entwarf er die Utopie einer Wissenschafts- und Literaturgemeinde. Auch Matthias Claudius (1740–1815), von dessen Gedichten einige sehr bekannt wurden (u. a. „Abendlied": „Der Mond ist aufgegangen …"), kann überwiegend der Empfindsamkeit zugerechnet werden.

4 Verhältnis zu anderen Epochen

Die Aufklärung ist, wie gesagt, eine grundlegende Gelenkepoche in der Geistes- und Literaturgeschichte der Neuzeit. Sie löst sich von der Formartistik des Barock und rückt die Darstellung von Inhalten und damit repräsentierende Zeichen in den Mittelpunkt der Literatur. Mit der Ausrichtung auf das autonome Individuum bereitet sie den Weg sowohl für die Gefühlsaufklärung im Sturm und Drang und in der Romantik als auch für die Ideale des Maßes und der Humanität in der Weimarer Klassik.

5 Wichtige Vertreter und ihre Werke

Gotthold Ephraim Lessing

(* 22. 1. 1729 Kamenz, † 15. 2. 1780 Braunschweig)
Lessing stammte aus einem protestantischen Pfarrhaus. Sein Theologiestudium brach er 1748 ab, um als Zeitungsredakteur und dann als freier Schriftsteller zu leben. Als Sekretär des Grafen von Tauentzien lebte er aufwendig und häufte Schulden an. In den „Briefen, die neueste Literatur betreffend" tat er sich als Literaturkritiker hervor. 1767 ging er als Dramaturg nach Hamburg an das neu gegründete bürgerliche Deutsche Nationaltheater. In seiner „Hamburgischen Dramaturgie" formulierte er seine Dramentheorie (s. o.). Seine Wirkungsästhetik hatte er schon kurz zuvor in seiner Schrift „Laokoon …" begründet; dort betont er den dynamischen Charakter der Dichtung – gegen den traditionellen Grundsatz „ut pictura poiesis", wonach die Dichtung wie die Malerei verfahren solle. Schließlich ging er 1770 nach Braunschweig, wo er als kleiner Bibliothekar ein Auskommen fand. Er heiratete 1776 seine Lebensgefährtin Eva König, die 1778 im Kindbett starb. Zu dieser Zeit war er in den sog. Fragmentenstreit verstrickt: Lessing hatte die deistischen (s. o.) Fragmente seines Freundes Reimarus veröffentlicht und sich dadurch die Kritik der protestantischen Orthodoxie (v. a. vonseiten des Hamburger Pastors Goeze) eingehandelt, die eine zeitweilige Zensur von Lessings Schriften zur Folge hatte. Lessing reagierte mit dem Toleranz- und Verständigungsdrama „Nathan der Weise". Er war der Überzeugung: „Nicht die Wahrheit, in deren Besitz irgend ein Mensch ist, oder zu sein vermeinet, sondern die aufrichtige Mühe, die er angewandt hat, hinter die Wahrheit zu kommen, macht den Wert des Menschen. Denn

nicht durch den Besitz, sondern durch die Nachforschung der Wahrheit erweitern sich seine Kräfte, worin allein seine immer wachsende Vollkommenheit besteht." Lessing ist einer der Begründer des bürgerlichen Trauerspiels („Miss Sara Sampson" 1755; „Emilia Galotti" 1772).

- **„Emilia Galotti"** (1772): Emilia wird auf dem Wege zu ihrer Hochzeit mit dem Grafen Appiani entführt, Appiani selbst umgebracht. Der Urheber dieser Tat ist Marinelli, der Kammerherr des Prinzen Hettore Gonzaga, welcher sich in Emilia verliebt hat und stillschweigend mit dem Überfall einverstanden gewesen ist. Emilia wird schließlich auf ihren eigenen Wunsch von ihrem Vater Odoardo erstochen, da sie fürchtet, vom Prinzen verführt zu werden und ihre Tugend zu verlieren. – Dieses bürgerliche Trauerspiel in Prosa zeigt auf der einen Seite den gewaltbereiten Machtanspruch des Adels, aber auch die rigide bürgerliche Werteordnung, die keinen pragmatischen Ausweg ermöglicht.
- **„Nathan der Weise"** (1779): Im Zentrum des „dramatischen Gedichts", das im Jerusalem der Kreuzzüge spielt, steht der Jude Nathan, dem es im Verlauf der verwickelten Handlung gelingt, die verschiedenen Parteien – einen Kreuzritter, einen Klosterbruder, den islamischen Sultan und sich und seine Tochter – miteinander ins Gespräch zu bringen. Hier führt das Drama modellhaft Kommunikationsstrategien als praktisch wirksame Aufklärung vor. Die berühmte Ringparabel in der Mitte des Stückes, wonach alle drei monotheistischen Religionen (Judentum, Christentum, Islam) nur Erscheinungsformen einer einzigen seien, ist zum einen ein Stück aufklärerischen Toleranzdenkens, zum anderen ein Stück Utopie; dies zeigt auch der Schluss, bei dem sich alle Beteiligten in die Arme fallen, nachdem sie sich als Verwandte erkannt haben.

Georg Christoph Lichtenberg (* 1. 7. 1742 Ober-Ramstadt, † 24. 2. 1799 Göttingen)
Lichtenberg studierte in Göttingen Mathematik und Physik. Obwohl er 1767 Professor in Gießen wurde, lebte er überwiegend in Göttingen. Er unternahm mehrere Reisen und wurde 1770 zum außerordentlichen Professor der Philosophie in Göttingen ernannt. Von 1775 bis zu seinem Tod war er dort Professor für Experimentalphysik und Mathematik. Er war nicht nur als akademischer Lehrer (Einführung von Schauversuchen im Unterricht), Physiker (Entdeckung der sog. Lichtenbergschen Figuren, auf denen der Fotokopierer beruht) und Lehrbuchautor erfolgreich,

sondern auch als literarischer Publizist. Als langjähriger Herausgeber und Autor des „Göttingischen Taschen Calenders“ und anderer Zeitschriften setzte er sich satirisch mit den Umständen und den literarischen Strömungen seiner Zeit auseinander. Bedeutend ist Lichtenberg durch die Fülle seiner witzigen Aphorismen, die er in sog. „Sudelbüchern“ notierte.

Immanuel Kant (* 22. 4. 1724 Königberg, † 12. 2. 1804 ebd.)
Kant gilt als der Vollender der Aufklärung auf dem Gebiet der Philosophie. Er hielt sich zeitlebens in Königsberg und der näheren Umgebung auf, ab 1770 als Professor für Metaphysik. Mit seiner kritischen Philosophie ging es ihm darum, die Philosophie auf eine sichere Grundlage zu stellen, indem er die Grenzen der Vernunft bestimmt. In der Erkenntnistheorie vereinigt er Empirismus und Rationalismus. Der Moralphilosophie gibt er den kategorischen, d. h. ohne Voraussetzung geltenden Imperativ: „Handle nur nach derjenigen Maxime, durch die du zugleich wollen kannst, dass sie ein allgemeines Gesetz werde.“ In seinem kleinen Aufsatz „Beantwortung der Frage: Was ist Aufklärung“ von 1784 sagt er: „Aufklärung ist der Ausgang des Menschen aus seiner selbstverschuldeten Unmündigkeit.“ „*Sapere aude!* Habe Mut, dich deines *eigenen* Verstandes zu bedienen! ist also der Wahlspruch der Aufklärung.“ Wer andere für sich denken lasse und Politik, Kirche oder Lehrern nur nachplappere, der sei nicht nur bequem, sondern unmündig und unaufgeklärt. Nicht Staat, nicht Kirche, nicht Schule dürften vermeintlich ewige Wahrheiten festschreiben. „Das wäre ein Verbrechen gegen die menschliche Natur, deren ursprüngliche Bestimmung gerade i[m] Fortschreiten besteht“. Der Ort von Kritik ist für Kant vor allem die Öffentlichkeit, die freie Meinungsäußerung. Wer indes aus seiner Kritik ableitet, seine Aufgaben in der Gesellschaft nicht mehr wahrzunehmen, wer gar eine gewaltsame Revolution anzettelt, der missbraucht nach Kant die Vernunft. „Leben wir jetzt in einem *aufgeklärten* Zeitalter? […] Nein, aber wohl in einem Zeitalter der *Aufklärung*.“ Aufklärung ist eine Aufgabe, um die man sich ständig bemühen muss.

Karl Philipp Moritz (* 15. 9. 1756 Hameln, † 26. 6. 1793 Berlin)
Moritz litt unter der mehr als strengen Erziehung seines pietistischen Vaters. Sein „Anton Reiser“, der autobiografische Züge hat, ist als psychologischer Roman ein Novum. Moritz gab zu dieser Zeit das „Magazin für Erfahrungsseelenkunde“ heraus, eine der ersten psychologischen Zeitschriften. Er zeigt im Roman, wie religiöser Zwang und soziale Not

ein entwicklungsunfähiges Individuum hervorbringen, das sich aus seiner kleinbürgerlichen Herkunft nicht zu befreien vermag und in eine Scheinwelt flüchtet. Moritz ging es anders: Er lernte in Italien Goethe kennen, der ihm schließlich eine Professur der Theorie der Schönen Künste in Berlin verschaffte. Bald darauf starb Moritz an Tuberkulose.

Christoph Martin Wieland (* 5. 9. 1733 Oberholzheim bei Biberach, † Weimar 20. 1. 1813)
Der Biberacher Pastorensohn war nach seinem Jura- und Philosophiestudium zunächst Hauslehrer in Zürich (Kontakt zu J. J. Bodmer), bevor er Verwaltungschef in Biberach wurde. Dort stand er in enger Verbindung zum Rokokokreis um Sophie La Roche. Nach ersten Versuchen noch ganz im Geist des Rokoko verfasste er die burleske Bildungsgeschichte „Die Abenteuer des Don Sylvio von Rosalva“, mit der er den auktorialen Erzähler nach englischem Vorbild nach Deutschland brachte. Nach einer kurzen Zeit als Professor in Erfurt (ab 1769) und Prinzenerzieher in Weimar (ab 1772) erhielt er eine Pension, die ihn unabhängig machte. Mit der „Geschichte des Agathon“ (1767) schrieb Wieland den ersten Bildungsroman, ein echtes Aufklärungsprojekt: Mit der Darstellung einer Bildungsgeschichte sollte auch der Leser gebildet werden – durch die behandelten Gebiete und Themen genauso wie durch das Vorbild einer äußerlich und innerlich gelingenden Bildung eines Individuums. Mit der „Geschichte der Abderiten“ (1774–1780) – das sind die Schildbürger der Antike – verfasste Wieland eine frühe Satire auf die bürgerliche Gesellschaft. Wieland gab von 1773–1810 den „Teutschen Merkur“ heraus, eine der einflussreichsten und bedeutendsten Kulturzeitschriften der Zeit, in der viele der bekanntesten Autoren (Goethe, Herder, Kant u. a.) veröffentlichten. Zudem übersetzte Wieland als Erster Shakespeare in Prosa, daneben auch Horaz und Cicero.

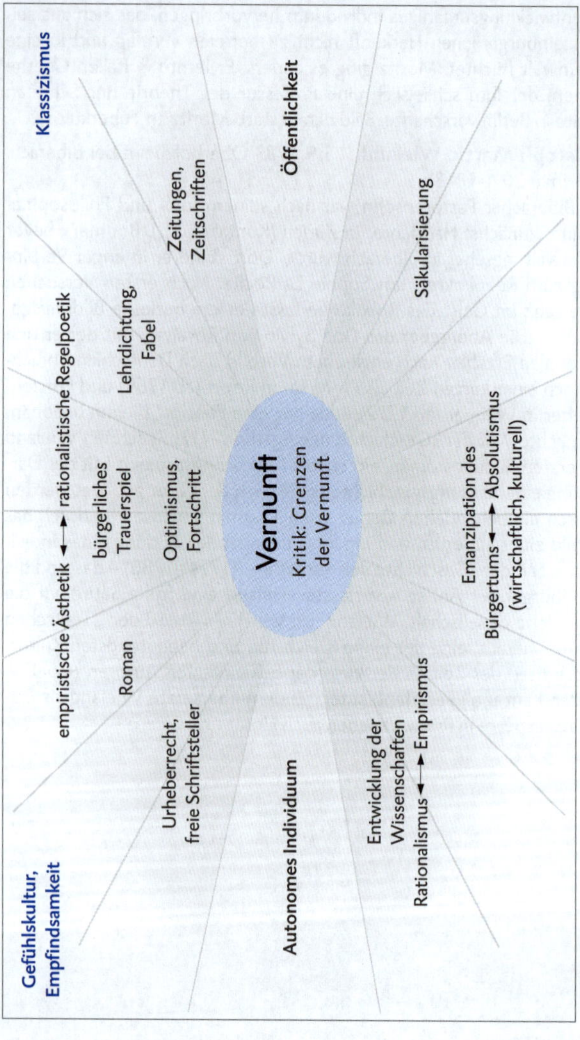
Vernunft
Kritik: Grenzen der Vernunft
Klassizismus
Gefühlskultur, Empfindsamkeit
empiristische Ästhetik ↔ rationalistische Regelpoetik
Roman
bürgerliches Trauerspiel
Lehrdichtung, Fabel
Urheberrecht, freie Schriftsteller
Optimismus, Fortschritt
Zeitungen, Zeitschriften
Autonomes Individuum
Öffentlichkeit
Entwicklung der Wissenschaften
Rationalismus ↔ Empirismus
Säkularisierung
Emanzipation des Bürgertums ↔ Absolutismus
(wirtschaftlich, kulturell)

Sturm und Drang

Die Epoche erhielt ihren Namen nach dem gleichnamigen Drama von M.Klinger von 1777. Er bündelt die Aufbruchsstimmung der jungen Generation zwischen **Ende der 1760er- und Mitte der 1780er-Jahre**.

Aufgrund seines ausgeprägten Profils kann man den Sturm und Drang als eine eigene Epoche auffassen, er lässt sich aber auch als Seitenlinie der Aufklärung, als deren Fortsetzung mit anderen Mitteln verstehen.

Illustration zu Maximilian Klingers Trauerspiel „Die Zwillinge" (1776)

1 Hintergründe

Die zweite Hälfte des 18. Jahrhunderts brachte eine Entwicklung der Aufklärung. Das Weltbild erweiterte sich: Mit Cooks Weltreisen kam der Globus deutlicher in den Blick. Die Entdeckung des Uranus durch Herschel 1781 erweiterte den jahrtausendealten Reigen der Planeten. Die Biologie versuchte mit dem Konzept des „Bildungstriebes", Leben und Organismen auf eine eigene Grundkraft zurückzuführen. Dampf- und Spinnereimaschine begannen von England aus die Arbeitswelt zu verändern. Die Montgolfière (der erste Heißluftballon) erweiterte die menschliche Bewegungsfähigkeit. Vieles schien auf einmal möglich. Auf der anderen Seite verschärften sich im vorrevolutionären Europa die Spannungen. Der Absolutismus trieb seine Machtpolitik, nicht zuletzt in Preußen. Expansionsbestrebungen und Hofhaltung führten zu verstärkter Ausbeutung der Bevölkerung, ja es kam zu Auswüchsen wie dem Verkauf von Landeskindern als Soldaten an fremde Mächte durch den württembergischen Herzog. Das Bürgertum war zwar zum Teil in die Verwaltung eingebunden, politisch aber nach wie vor ohne Teilhabe. Aufstiegschancen waren rar. Die Amerikanische Revolution und Loslösung zeigte, dass eine Umwälzung möglich war. Angesichts der sozialen Ungerechtigkeit und der absolutistischen Machtpolitik schien Aufklärung auf technische Verbesserungen verkürzt, eine grundlegende Kritik an den Verhältnissen, eine naturrechtliche Begründung von Partizipationsrechten blieb Theorie. Dieser innere Widerspruch war eine der Triebfedern des Sturm und Drang.

2 Interpretationsmodell Sturm und Drang

- Die Epoche ist geprägt von einem starken **Subjektivismus**. Das erlebende und empfindende Subjekt erscheint als Zentrum einer individuellen Welt und wird im Medium der Literatur reflektiert. Dahinter steht eine Entwicklung, in der das Subjekt sich selbst immer weniger durchschauen kann; die Emotionen als unkontrolliert aus dem Inneren aufsteigende Leidenschaften werden als Manifestation des authentischen Subjekts verstanden.
- Dies geschieht vor allem durch eine Aufwertung der **Emotionalität** – was aber nur teilweise zu Irrationalismus führt. Das Pathos des **gan-**

zen Menschen als Gefühls-, Fantasie- und Verstandeswesen wird der Aufklärung entgegengesetzt, die den Stürmern und Drängern als einseitig vernunftzentriert erscheint (obschon der Ansatz menschlicher Ganzheit gerade in der aufklärerischen Anthropologie geteilt wird). Die Ästhetik (wörtlich Wahrnehmungslehre, s. auch S. 22) wertet die Künste als Reflexion der „unteren Erkenntnisvermögen", d. h. der Sinnlichkeit und der Einbildungskraft, auf. Zugleich erkennt man innere Grenzen des Individuums: Es wird nicht mehr, wie in der Aufklärung, als seiner selbst völlig mächtiges Subjekt gedacht, sondern als eines, das in Gestalt der Leidenschaften von seiner inneren Unberechenbarkeit überfallen wird.

- Der Sturm und Drang ist eine jugendliche **Protestbewegung**. Viel dezidierter als die Aufklärung, die als technische Aufklärung häufig nur der Verbesserung von Ackerbau und Medizin innerhalb des absolutistischen Systems diente, prangert sie gesellschaftliche Missstände in den deutschen Fürstentümern an. Dies trifft die Willkür der Obrigkeit genauso wie die extremen sozialen Ungleichheiten, die materielle Not (Schiller, Lenz) oder aber Geschlechterrollen und die rigide Sitten- und Rechtsordnung, die die Not der Frau nicht berücksichtigt (Wagner: „Der Hofmeister", „Die Kindermörderin"). Diese **Sozial- und Gesellschaftskritik** wandert dann in die Spätaufklärung ein. Auch die Betonung einer „natürlichen" Individualität der Völker entsteht in dieser Zeit, nicht gegen andere Nationen, sondern gegen die absolutistische Obrigkeit gerichtet. Verschärft wird dies durch die grundlegende Zivilisationskritik Jean-Jacques Rousseaus.
- Ist die Aufklärung stark von den entstehenden Wissenschaften und ihrem Konzept des Naturgesetzes geprägt, so setzt der Sturm und Drang dem eine eigene Naturphilosophie entgegen, die den Begriff der **schöpferischen Kraft** ins Zentrum stellt. Natur ist nicht *natura naturata* (geschaffene Objektnatur), sondern zunächst *natura naturans*: eine schöpferische, produktive Naturkraft, die dynamisch eine sich entwickelnde Natur hervorbringt (vgl. „Bildungstrieb" der Biologie). Diese dynamische Natur wird durch den Pantheismus (Natur ist Ausdruck göttlicher Wirkungskraft) heilsgeschichtlich aufgeladen. Gesucht wird nach einem „Ursprung", einer dynamischen Grundkraft jenseits aller kulturellen Verbildungen. An dieser Ursprünglichkeit haben der Einzelne und auch die Dichtung teil.

- Es entsteht ein **historisches Bewusstsein**, das der Abwertung der Geschichte durch das aufklärerische Fortschrittsideal entgegengehalten wird. Herder konzipiert Geschichte als Kulturgeschichte, die Nationen, aber auch einzelne Personen und literarische Phänomene als stabile Zustände von Systemen begreift, die sich in Wechselwirkung mit ihrer jeweiligen Umgebung als Gleichgewicht innerer und äußerer Kräfte bilden. Sie haben jeweils ihren individuellen Eigenwert. Dies führt u. a. zu einer **Sammlung von Volksliedern** (Herder, „Ossian"), die als ursprüngliche Form der Dichtung aufgefasst werden.
- Alle Künste und insbesondere die Dichtung werden verstanden als Ausdruck des **Genies**, das als Leitbild mit Vehemenz der aufklärerischen Regelpoetik entgegengesetzt wird. Kant definiert das Genie als „ingenium, durch das die Natur der Kunst die Regel gibt". Das Genie schafft unbewusst und ohne Rücksicht auf Konventionen seine Kunst ursprünglich und aus sich selbst heraus. Sie verbindet den Ausdruck des Produzenten (Erlebnisdichtung) mit der Absicht, auf den Rezipienten einzuwirken. Das Modell für die Dichtung sind Shakespeare, Pindar oder „Ossian" (ein angeblich gälischer Urdichter, den der Schotte Macpherson 1760 erfunden hatte).
- Der **Sprache** wird eine eigene Wirksamkeit über den Inhalt hinaus zugesprochen. Die Dichtung steht nun als Form der ursprünglichen, dem ganzen Menschen Ausdruck gebenden Sprache über dem begrifflich-analytischen Sprechen.

Entwicklung der Gattungen

- **Erlebnislyrik** gestaltet das Empfinden des lyrischen Ichs, seinen Trotz, sein Lieben, sein Leiden. Sprachlich schlägt sich dies nieder in freien Rhythmen, reimlosen Versen und hohem Pathos, nähert sich aber auch der Einfachheit des Volksliedes. Die Ballade thematisiert irrationale Naturkräfte (Goethe: „Der Erlkönig"), Hymnen besingen die Natur.
- Wichtig für den Sturm und Drang ist das **Drama** als öffentlich wirksame Gattung. In ausdrucksstarker Sprache werden die Einheiten von Raum, Zeit und Handlung durchbrochen (bis hin zu den sog. „Fetzenszenen"). An die Stelle des Versdramas tritt (wie schon im bürgerlichen Trauerspiel, das mindestens ebenso eine Gattung des Sturm und Drang wie der Aufklärung ist) die Prosa. Selbstverwirklichung des Einzelnen, Widerstand gegen die Mächtigen (Goethe: „Götz von Berlichingen"), soziale Anklage (Lenz: „Die Soldaten", Schiller: „Kabale

und Liebe") oder das Kindermöderinnen-Motiv (Wagner: „Die Kindermörderin", Goethe: „Urfaust") stehen im Zentrum.

- In der **Epik** macht Goethes „Werther" Epoche (s. u.).

3 Verhältnis zu anderen Epochen

Der Sturm und Drang ist nicht denkbar ohne die Aufwertung des Individuums in der Aufklärung und die Emanzipation des sie tragenden Bürgertums, dessen zweiter Generation viele Stürmer und Dränger angehören. Auf der anderen Seite ist er von der Gefühlskultur der Empfindsamkeit und des Pietismus geprägt. Diese bereitet mit der Vorstellung eines der eigenen Verfügung zunehmend entzogenen, emotionalen Subjekts den Weg in die Romantik. Später wird sich die Weimarer Klassik von dieser Emotionalität abgrenzen.

4 Wichtige Vertreter und ihre Werke

Johann Wolfgang von Goethe

(* 28. 8. 1749 Frankfurt am Main, † 22. 3. 1832 Weimar)
Goethe stammte aus einem Juristenhaus und einer der führenden Familien Frankfurts. Er studierte ab 1765 in Leipzig Jura. Dort schrieb er unter dem Einfluss des Leipziger Rokoko im Stile der Empfindsamkeit und genoss das Leben. Wegen einer lebensbedrohlichen Erkrankung kehrte er zurück nach Frankfurt, wo er sich mit dem Pietismus auseinandersetzte und mit Philosophie und Alchemie beschäftigte. In Straßburg, wo Goethe promovierte, traf er Herder, der ihn nachhaltig beeinflusste und für den Sturm und Drang begeisterte. Für diesen ist Goethe in allen drei Gattungen bedeutend: Durch „Die Leiden des jungen Werthers" wurde er über Nacht berühmt. Mit dem „Götz von Berlichingen", in dem er die Einheit von Rechtsempfinden und Handeln betont, prägte er auch das Drama. Sein Faustprojekt geht auf diese Zeit zurück („Urfaust"). Zudem entstehen die „Sesenheimer Lieder" und Hymnen, expressive Erlebnislyrik.

Seine juristische Karriere lief nebenher. Goethe hatte einige Liebschaften (Friederike Brion in Sesenheim bei Straßburg, Charlotte Buff in Wetzlar, kurz verlobt mit Lili Schönemann in Frankfurt). Nach einer Reise in die Schweiz trat er als Minister in den Dienst Herzog Carl Augusts in Weimar. Die ständig wachsenden Aufgaben hinderten ihn zunächst an der weiteren literarischen Produktion.

- **„Die Leiden des jungen Werthers“** (1774): Der Briefroman schildert die schwärmerischen Empfindungen Werthers für die Natur, mit der er sich eins fühlt, die ihn aber von der Gesellschaft entfernt. Die subjektive Perspektive inszeniert dabei auch sprachlich eine exaltierte Begeisterung und macht den Leser zum Adressaten. Werther verliebt sich stürmisch in Lotte, die jedoch schon dem bürgerlich-rationalen Albert versprochen ist. Vergeblich flieht Werther in die Rolle eines bürgerlichen Beamten. Sehnsucht und Konflikte mit den Adligen treiben ihn zurück zu Lotte. Die verzweifelten Monologe werden gegen Ende von einem Erzähler distanzierend kommentiert. Schließlich erschießt sich Werther. Der Roman entfaltete eine ungeheure Wirkung und hatte Nachahmer nicht nur in der Werthertracht (blauer Frack, gelbe Weste, Stiefel, ungepudertes Haar), sondern auch in wertherhaften Selbsttötungen.
- **„Götz von Berlichingen mit der eisernen Hand“** (1773): Die Handlung thematisiert anhand historischer Ereignisse des frühen 16. Jahrhunderts den Konflikt zweier politischer Grundpositionen: die unmittelbar persönliche Treue zwischen freien Individuen, verkörpert durch den Reichsritter und „Selbsthelfer“ Götz von Berlichingen, und die rechtlich geordnete Herrschaft, für die der untreue und in Intrigen verstrickte Adelbert von Weislingen steht. In einer verwickelten Fehde stellt sich Götz schließlich an die Spitze eines Bauernaufstandes und stirbt im Gefängnis. Die Sympathien für den selbstbewussten freiheitsliebenden Götz sind ebenso deutlich wie die latent anti-absolutistische Stoßrichtung. Das Stück hatte enorme Wirkung – was auch mit der z.T. derben, ausdrucksreichen und virtuos differenzierten Sprache zu tun hat. Goethe ignoriert durch die charakteristischen Kurzszenen neben der Einheit von Ort und Zeit auch die der Handlung.

Johann Georg Hamann

(* 27.8.1730 Königsberg, † 21.6.1788 Münster)
Nach abgebrochenem Studium versuchte sich Hamann zunächst als Kaufmann (u.a. in London), jedoch ohne Erfolg. Sein pietistisches Erweckungserlebnis brachte ihn zum Schreiben. Er führt die Sprache auf göttlichen Ursprung zurück und betont: „Poesie ist die Muttersprache des menschlichen Geschlechts.“ Im Genie sieht er den Abglanz der göttlichen Schöpfung. Hamanns Irrationalismus schlägt sich auch im Stil seiner rätselhaften Schriften nieder.

Johann Gottfried Herder
(* 25. 8. 1744 Morungen, † 18. 12. 1803 Weimar)
Herder studierte Theologie und war 1762–64 Schüler Immanuel Kants in Königsberg; engen Kontakt hatte er auch mit Hamann. Bald machte er sich einen Namen als Literaturkritiker und konzipierte – orientiert an Shakespeare, den er gegen die Kritik der Aufklärer hochhielt – den Geniebegriff. In Straßburg traf er Goethe und beeinflusste ihn entscheidend. Seine Abhandlung „Über den Ursprung der Sprache“ (1772) betont deren Funktionsvielfalt und wertet die Dichtung als Form der Integration dieser Funktionen auf. Herder ging als Konsistorialrat nach Bückeburg. Dort entwickelte er seine Geschichtsphilosophie, die den Eigenwert historischer Erscheinungen betonte. Diesen Ansatz entfaltete er in den „Ideen zu einer Philosophie der Geschichte der Menschheit“ (1784–1791) zu einem philosophischen Grundlagenwerk, das vom Konkreten aus denkt und in unsystematischer Darstellung Rationalität, Emotionalität und Einbildungskraft verbindet. Herder war der Theoretiker einer begründeten Vorläufigkeit, die er den Systemen der Aufklärung entgegensetzte. Goethe holte ihn 1776 als Generalsuperintendent nach Weimar. Aufgrund der Entfremdung von Goethe und der polemischen Auseinandersetzung mit Kant vereinsamte Herder immer mehr.

Jakob Michael Reinhold Lenz
(* 12. 1. 1751 Seßwegen, † 23. o. 24. 5. 1792 Moskau)
Lenz studierte in Königsberg (u. a. bei Kant) und ging gegen den Willen des Vaters als Begleiter zweier Adliger nach Straßburg. Dort traf er Goethe und Herder. Es entstanden in rascher Folge seine Hauptwerke, in denen er die sozialen Missstände, die Bedeutung der Sexualität und das rigide bürgerliche Tugendregime kompromisslos herausstellt („Der Hofmeister“, „Die Soldaten“). Lenz folgte Goethe nach Weimar, wurde aber wegen seines Verhaltens dort des Hofes verwiesen. Er fasste danach nie mehr Tritt, zeigte Symptome einer psychischen Erkrankung. 1792 fand man ihn tot auf einer Moskauer Straße.

Friedrich Schiller (* 10. 11. 1759 Marbach, † 9. 5. 1805 Weimar)
Der Sohn eines Gärtners und Wundarztes aus Marbach besuchte in Stuttgart die Hohe Karlsschule, eine Eliteschule für zukünftige Beamte mit moderner Ausbildung (v. a. auch in Philosophie), aber auch mit gnadenlosem Drill. Schiller wechselte von Jura zu Medizin und musste ab 1780 als unterbezahlter Regimentsmedicus arbeiten. Nach der aufsehenerregenden Aufführung der „Räuber“ in Mannheim (das nicht zu Würt-

temberg gehörte) musste er fliehen und versuchte, sich als freier Schriftsteller zu halten. Literarisch war er sehr produktiv (neben weiteren Dramen auch Naturlyrik und die realistische Erzählung „Der Verbrecher aus verlorener Ehre"); einige Zeitschriftenprojekte aber scheiterten und er musste ein unstetes Wanderleben führen. Schließlich kam er 1789 als unbezahlter Professor für Geschichte nach Jena, wo er Vorlesungen im Geiste einer aufgeklärten Geschichtsforschung hielt und heiratete.

- **„Die Räuber"** (1781): Franz Moor, der zweitgeborene Sohn, intrigiert gegen seinen Bruder Karl und manipuliert seinen Vater mit seinem Wissen über die Seelenkräfte; darin ist er ein Vertreter einer verkürzten, technischen Aufklärung. Karl hingegen ist ganz Sturm und Drang: Vom Vater verstoßen lebt er als sozialromantischer Räuber, ist impulsiv und von hohem Freiheitspathos beseelt. Er kehrt mit seiner Bande zurück und befreit den Vater aus dem Kerker, in den ihn Franz geworfen hat. Dieser tötet sich, als er sieht, wie hohl sein Selbstbild als autonomer Machtmensch ist. Karl ermordet seine Geliebte Amalia, da er seiner Bande die Treue geschworen hat, und gibt sich in die Hände der Gerichtsbarkeit. Das Stück zeigt die Brüchigkeit der Ordnung von Familie, Staat und Religion und verbindet dies im tragischen Ende mit der Kritik an Selbstüberschätzung und Machtgier. Zugleich reflektiert es das Verhältnis von Aufklärung und Sturm und Drang.
- **„Kabale und Liebe"** (1784): Ferdinand, der Sohn des Präsidenten Walter „am Hof eines deutschen Fürsten", liebt Luise, die Tochter des kleinbürgerlichen Musikus Miller. Diese möchte aufgrund ihrer religiösen Überzeugung und der bürgerlichen Konventionen Ferdinand entsagen. Er bedrängt sie und verweigert seinem Vater zunächst sein Ja-Wort zu der politisch motivierten Heirat mit der Mätresse des Herzogs, Lady Milford. Der Präsident lässt auf Anraten seines Sekretärs Wurm die Eltern Luises verhaften und erpresst einen falschen Liebesbrief Luises. Als Ferdinand, rasend vor Eifersucht, Luise und sich vergiftet, gesteht sie zu spät die Wahrheit. – Das Drama zeigt exemplarisch und mit Pathos den Grundkonflikt des bürgerlichen Trauerspiels: Die nur an Macht orientierte Intriganz der höfischen Welt prallt auf die engen moralisch-religiösen Konventionen der bürgerlichen Welt. Das Stück übt aber auch deutlich konkrete Kritik, wenn etwa der Verkauf von Landeskindern als Soldaten durch den württembergischen Herzog angeprangert wird.

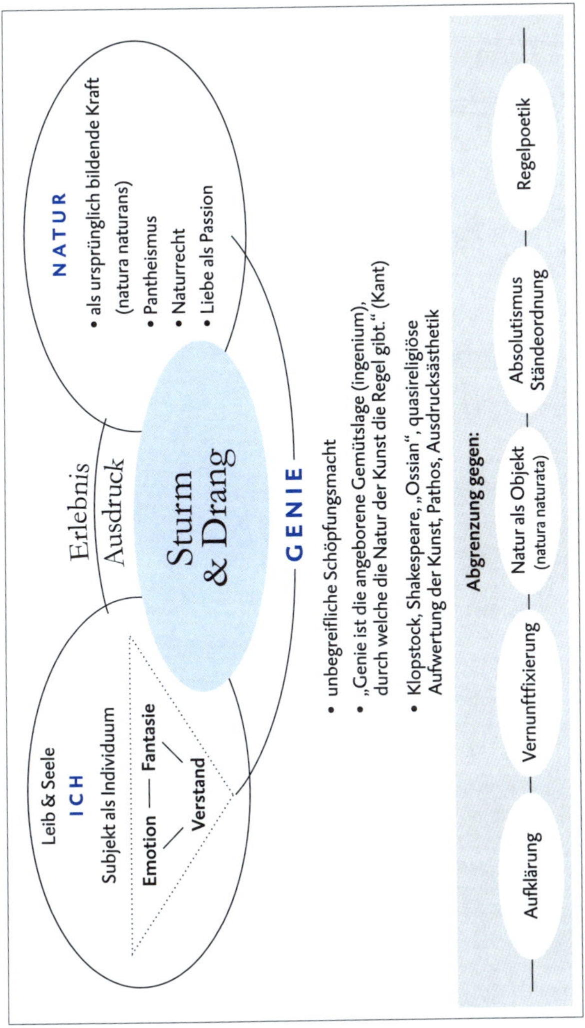
Leib & Seele
ICH
Subjekt als Individuum
Emotion — Fantasie
Verstand
Erlebnis
Ausdruck
Sturm & Drang
NATUR
• als ursprünglich bildende Kraft (natura naturans)
• Pantheismus
• Naturrecht
• Liebe als Passion
GENIE
• unbegreifliche Schöpfungsmacht
• „Genie ist die angeborene Gemütslage (ingenium), durch welche die Natur der Kunst die Regel gibt.“ (Kant)
• Klopstock, Shakespeare, „Ossian“, quasireligiöse Aufwertung der Kunst, Pathos, Ausdrucksästhetik
Abgrenzung gegen:
Aufklärung
Vernunftfixierung
Natur als Objekt (natura naturata)
Absolutismus Ständeordnung
Regelpoetik

Weimarer Klassik

„Klassisch" meinte im antiken Rom die Angehörigen der obersten Steuerklasse („civis classicus"), wurde aber bald metaphorisch für „erstklassig" verwendet und insbesondere auch auf Werke und Autoren bezogen. In dieser Bedeutung etablierte es sich auch im Deutschland des 18. Jahrhunderts als Bezeichnung für vorbildhafte (insbesondere antike) Schriftsteller und Meisterwerke. Die Weimarer Klassik reicht **von den 1790er-Jahren bis** ungefähr zu Schillers Tod **1805**.

Junozimmer und Zimmerflucht in Goethes Haus am Frauenplan (Weimar)

1 Hintergründe

Dreh- und Angelpunkt der Geschichte des ausgehenden 18. Jahrhunderts ist die **Französische Revolution**. Wurde sie in Deutschland gerade von den Intellektuellen anfangs begrüßt, so wandelte sich dieses Bild mit dem Aufkommen der Terreur (ab 1793). Der Revolution wurde das Ideal der Evolution, also einer allmählichen Entwicklung, entgegengestellt. Die Kriege im Gefolge der Revolution griffen immer wieder auf die deutschen Fürstentümer über. Norddeutschland und auch das Herzogtum Weimar konnten sich nach dem Sonderfrieden von Basel 1795 jedoch einer zehnjährigen Friedensperiode erfreuen. Mit dem 4. Koalitionskrieg, in dem Weimar sich mit Preußen verbündet hatte, und der vernichtenden Niederlage in der Schlacht von Jena und Auerstedt fiel der Krieg dann jedoch mit Vehemenz in das Herzogtum ein.

Weimar hatte sich unter der Herzogin Anna Amalia und dann unter ihrem Sohn Karl August (ab 1775) zum „Musenhof" entwickelt, an dem Goethe, Wieland, Herder und schließlich auch Schiller lebten und arbeiteten. In diesem Mikrokosmos, provinziell geprägt wie viele deutsche Fürstentümer, war der Austausch von Adligen und Bürgerlichen vergleichsweise einfacher.

2 Interpretationsmodell Weimarer Klassik

- Im Zentrum der Weimarer Klassik steht das Ideal der **Harmonie:** der Harmonie der Weltordnung, der Harmonie des Einzelnen mit seiner Umgebung, mit der Welt, mit sich.
- Insbesondere die **Humanität** gilt als Harmonie des ganzen Menschen, der alle seine Seelenkräfte (v. a. Vernunft, Gefühl und Fantasie) in einem Gleichgewicht ausbildet und in diesem ruht. Das Ideal der Humanität ist einerseits eine Beschreibung, immer aber auch eine Forderung nach ethischer Vervollkommnung. Das Glück wird gänzlich im diesseitigen Leben angesiedelt, religiöse Vorstellungen sind diesem Ansatz weitgehend fremd. Die Weimarer Klassik führt hier Ideale der Aufklärung, aber auch der Französischen Revolution wie Selbstbestimmung, Vernünftigkeit, Menschenwürde und Toleranz fort.

- Als **Orientierungspunkt** gerade für die Humanität dient die **Antike**. Hier sieht man den Zustand der Humanität schon einmal erreicht, den es für die Gegenwart wieder zu erlangen gelte. Der Weg zur Humanität ist für die Klassik die **Nachahmung** der Antike.
- Diese Nachahmung führt dann zu neuer **Mustergültigkeit** – und so wurde die Weimarer Klassik namentlich im 19. Jahrhundert wahrgenommen: als Gipfelpunkt der deutschen Literatur.
- Humanität verbindet sich mit dem Ideal des **Weltbürgertums**. Die Orientierung an der Antike schließt schon die Überzeitlichkeit des Humanitätsideals ein. Dem entspricht die Vorstellung von Humanität als einem transkulturellen Ideal. Dementsprechend spielen konkrete historische Umstände, Sprachformen wie der Dialekt oder politisches Engagement keinerlei Rolle für die Weimarer Klassik. Daraus erwächst der Vorwurf an die Klassik, sie stütze die bestehenden Gesellschaftsverhältnisse.
- Die Weimarer Klassik vertritt eine **Autonomieästhetik:** Die Humanisierung vollzieht sich vor allem in der Kunst, und diese dient der Schönheit, in der sich die höchste Vervollkommnung des Menschen spiegelt. Daher ist die Kunst der oberste Zweck.
- Durch den Umgang mit der Kunst – vor allem bildende Kunst und Literatur – wird der Mensch zu einem menschlichen Wesen. Die **Aufgabe der Kunst** ist immer auch die Erziehung des Menschen zum Menschen. Dies kann die Kunst, weil nach Auffassung der Weimarer Klassik die Lebenskräfte der Natur in ihr wirksam sind.
- Diese erzieherische Aufgabe leistet die Kunst durch die maßgeblichen Werke der Antike: Sie vermitteln dem Menschen das rechte **Maß**. Das gilt vor allem im Umgang mit dem Gefühl. Der Gefühlskult des Sturm und Drang weicht einer Gefühlskultur der Dämpfung, der Beherrschung und Mäßigung. Das Ideal fasst die Winckelmann zugeschriebene und von Adam Fr. Oeser formulierte Formel: „Edle Einfalt, stille Größe." Dieses moralische Ziel soll in der Kunst unmittelbar sinnfällig werden.
- Dies schlägt sich im Ideal der **Formstrenge** nieder. Die gebundene Sprache wird aufgewertet, auch im Drama soll wieder der Vers regieren. Das Stilideal der Klarheit, Einfachheit, des Maßes und der Wohlgesetztheit jenseits der Alltagssprache wird postuliert. Handlungen sollen in sich geschlossen sein, damit das Kunstwerk eine abgeschlos-

sene Ganzheit zeigt (z. B. fünfaktiges Schema der geschlossenen klassischen Tragödie). Figuren zeigen einen abgerundeten Charakter. Stoffe werden aus der Antike oder Geschichte genommen, nicht aber aus der Lebens- und Erfahrungswelt der Leser.

3 Verhältnis zu anderen Epochen

Im Gegensatz zum Sturm und Drang und die aus ihm hervorgehende Frühromantik hält die Klassik an den aufklärerischen Idealen der Klarheit, des Maßes und der Humanität fest. Sozialkritische Aspekte werden ausgeblendet. Die Orientierung am Allgemeinen und an der fernen Utopie (Antike) teilt sie mit der Romantik.

4 Wichtige Vertreter und ihre Werke

Johann Wolfgang von Goethe (vgl. auch S. 35 f.)
Goethe gewann in Weimar rasch das Vertrauen des Herzogs und wurde Minister mit stetig wachsenden Aufgaben (Verkehr, Bergbau, Finanzen), sodass er in den ersten Weimarer Jahren kaum schrieb.

Er betätigte sich – auch angeregt durch seine Verwaltungsaufgaben – als Naturforscher, wo er sich für Geologie genauso wie für Biologie („Die Metamorphose der Pflanzen" 1790) und „Farbenlehre" (1810) interessierte; mit der Entdeckung des Zwischenkieferknochens (1784) leistete er einen Beitrag zur Anatomie. Seine wissenschaftlichen Schriften erlangten jedoch kaum Anerkennung, weil Goethe einen sehr eigenwilligen methodischen Ansatz mit starker Betonung eines intuitiv sinnlichen Zugangs zu den Phänomenen hatte, der in großer Nähe zur Romantik stand. Goethe sammelte zeitlebens nicht nur Kunst, sondern auch Mineralien, Schädel und Pflanzen.

Als Goethe 1786 für mehr als zwei Jahre nach Italien reiste, hatte er sich schon ganz der Klassik zugewandt. Auf der Reise sammelte er Eindrücke, führte Tagebuch und arbeitete an Dramen („Iphigenie auf Tauris", „Torquato Tasso", „Egmont") und Gedichten. Zurück in Weimar lebte er weitgehend von Verpflichtungen befreit und genoss das Leben als anerkannter Schriftsteller, der durchaus auch Einfluss auf dem literarischen Markt anstrebte. Mit Schiller, den er anfangs nicht so recht wahrgenommen hatte, verbanden ihn ab 1794 eine wechselseitig anregende Freundschaft und ein reger Austausch über ihre Werke, aus dem u. a. die gemeinsam verfassten „Xenien“, Spottgedichte auf zeitgenössische Kollegen, hervorgingen.

- **„Iphigenie auf Tauris“** (1787): Iphigenie, von der Göttin Diana auf die Insel Tauris verschlagen, dient unter König Thoas als Priesterin und hat ihn dazu bewegt, den alten Brauch der Menschenopfer auszusetzen. Thoas begehrt sie zur Frau, sie lehnt ab. Thoas nimmt darauf die Tradition wieder auf und möchte zwei Fremde opfern – darunter Iphigenies Bruder Orest, der nach der Ermordung seiner Mutter von Rachegöttinnen gehetzt wird und nach Tauris verschlagen wurde. Orest ist bereit, sich von Iphigenie opfern zu lassen, um den Familienfluch der Tantaliden zu brechen; ein heilender Schlaf befreit ihn schließlich vom Wahnsinn. Iphigenie lehnt den Plan ab, heimlich von Tauris zu fliehen; sie bekennt sich stattdessen zur Wahrheit und bittet Thoas offen, sie gehen zu lassen. Dieser stimmt schließlich zu. – Das in Blankversen gesetzte Drama wahrt die klassischen Einheiten von Ort, Zeit und Handlung. Es zeigt die Befreiung von religiöser Bevormundung und stellt als Voraussetzung jeder politisch-gesellschaftlichen Veränderung die Fähigkeit zu Selbstbestimmung und Toleranz dar.
- **„Römische Elegien“** (1788/90): Dieser Gedichtzyklus löste bei seinem Erscheinen einen Skandal aus, war er doch von einer vergleichsweise freizügigen Erotik. Zwei große Themenblöcke bestimmen ihn: Die (auch körperliche) Liebe und die Antike, die in dem Palindrom Roma – Amor aufeinander bezogen sind. In beiden geht es um Aneignung und Distanz, um die Orientierung an einer Kultur, die ein unmittelbares liebendes Zusammenleben und eine Integration des Fremden erlaubt.
- **„Wilhelm Meisters Lehrjahre“** (1795/96): Der Roman wurde bald nach seinem Erscheinen zum zentralen Modell der romantischen Romantheorie (etwa bei Novalis oder Fr. Schlegel). Er gilt als Muster des **Bildungsromans**, in dem sich die Selbstfindung und Entwicklung eines jungen Menschen über die Erfahrungen von Liebe und Freundschaft zu einem reifen, nützlichen Mitglied der Gesellschaft vollzieht: Wilhelm, ein Kaufmannssohn, träumt von einem neuen „Nationaltheater“. Auf einer Geschäftsreise trifft er eine Schauspielertruppe, der er sich anschließt. Er kümmert sich um Mignon, ein verschlossenes, rätselhaftes Mädchen, das im Roman das Prinzip lyrischer In-

nerlichkeit verkörpert. Bei einem Gastspiel auf einem Grafenschloss wird Wilhelm Shakespeare nahegebracht, und er plant begeistert, „Hamlet“ aufzuführen. Dies gelingt ihm schließlich auch im Theater des Direktors Serlo. Doch nach der Aufführung brennt das Theater, zudem stirbt Serlos Schwester Aurelie. Auf dem Totenbett schickt sie Wilhelm mit einem Brief zu ihrem untreuen Geliebten, dem tatkräftigen Adligen Lothario. Er führt Wilhelm in die Turmgesellschaft ein, einen rätselhaften aufklärerischen Geheimbund, dessen Ideal Tätigkeit in Gemeinschaft ist. Die Turmgesellschaft hat, so stellt sich heraus, Wilhelms Bildungsgang heimlich begleitet und geleitet. Für Mignon ist hier kein Platz, sie stirbt bald. Wilhelm heiratet schließlich Lotharios Schwester Natalie. – Der Roman greift eine Fülle von ästhetischen und sozialen Themen auf. Der auktoriale Erzähler tritt vor allem gegen Ende zunehmend in Distanz zu seinem Protagonisten.

Friedrich Schiller (vgl. auch S. 37 f.)

Zwei Ereignisse prägten Schiller, nachdem er sich in Jena als Historiker niedergelassen hatte: Einmal das Studium Kants während einer schweren Lungenentzündung 1791, nach der er nie mehr ganz gesund werden sollte. Es brachte ihn zu einer theoretischen Neubegründung der Poetik in einigen größeren Abhandlungen (z. B. „Über Anmut und Würde“ 1793, „Über die ästhetische Erziehung des Menschen“ 1795, „Über naive und sentimentalische Dichtung“ 1796, auch als Positionsbestimmung Goethes und seiner selbst). Darin begründet er auf der Grundlage der avancierten philosophischen Theorie die Herstellung des ganzen, aus Körper, Sinnlichkeit und Vernunft bestehenden Menschen durch die Kunst. Dieser komme moralische Bildungskraft zu, da sie einen sinnlichen Zugang zur moralischen Idee ermögliche.

Zum anderen ist da ab 1794 die Begegnung und Freundschaft mit Goethe, mit dem zusammen er die Weimarer Klassik prägte. Neben gemeinsamen Projekten gab Schiller einflussreiche Zeitschriften heraus („Die Horen“ 1795–97, „Musen-Almanach“). In den darauffolgenden Jahren entstanden in rascher Folge seine späten Dramen: die Wallenstein-Trilogie (1798/99), „Maria Stuart“ (1800), Wilhelm Tell (1804), zudem Gedankenlyrik und das berühmte „Lied von der Glocke“ (1799). Ende 1799 übersiedelte er nach Weimar, wo er nach langer chronischer Krankheit starb.

- **„Wallenstein“** (1798/99): Der erste Teil der im 30-jährigen Krieg spielenden Trilogie, „Wallensteins Lager“, zeigt die Basis der Macht, das Heer Wallensteins. Wallenstein taktiert im zweiten Teil („Die Piccolomini“), er täuscht ein verräterisches Übergehen zu den Schweden an, um den Kaiser unter Druck zu setzen und sich die böhmische Krone zu sichern. Der Kaiser jedoch, präsent in Gestalt des Gesandten Questenberg, möchte Wallenstein absetzen und durch seinen General Octavio Piccolomini ersetzen. Dessen Sohn, Max Piccolomini, verkörpert einen idealistischen Blick auf die Geschichte, die Utopie eines friedlichen Europas. Wallenstein zögert, weil er der Astrologie vertraut und auf eine günstige Sternenkonstellation wartet. Als zu Beginn des dritten Teils („Wallensteins Tod“) sein schwedischer Unterhändler vom Kaiser gefangen genommen wird und die Sterne ihm ausgerechnet Octavio als Freund anzeigen, ist sein Schicksal besiegelt. Octavio wird Heerführer und erfährt zugleich vom Tod seines Sohnes, der für Wallenstein gegen die Schweden gefallen ist. Nachdem Wallenstein kurz mit der Idee einer höheren, im Dienst des Schönen stehenden Politik gespielt hat, wird er ermordet. – Das Drama war ein großer Erfolg, lieferte es doch ein historisches Modell für die Wirren nach der Französischen Revolution und die Gemengelage aus Idealismus und egoistischer Machtpolitik.
- **„Maria Stuart“** (1800): Maria Stuart, katholische Königin von Schottland, sucht nach der Ermordung ihres Gatten (an der sie beteiligt war) Zuflucht in England. Da sie jedoch Ansprüche auf den Thron erheben könnte, wird sie von der englischen Königin Elisabeth eingekerkert und unter Vorwänden zum Tod verurteilt. Leicester, Berater der englischen Königin, wendet sich, da sein Werben von Elisabeth immer wieder zurückgewiesen wurde, der schönen Maria zu und beteiligt sich am Plan zu ihrer Befreiung. Bei einem Zusammentreffen der beiden Königinnen verspielt Maria durch hochmütigen Spott ihre Begnadigung. Sie wird schließlich, geläutert und Elisabeth verzeihend, hingerichtet. Elisabeth schiebt die Schuld an der fadenscheinig begründeten Hinrichtung auf ihre Untergebenen. Leicester flieht. – Hauptthemen des Dramas sind die ausgleichende Gerechtigkeit gegenüber beiden Königinnen und die Läuterung der Schönheit Marias, in der sich ihre schöne Seele spiegelt: Vernunft und Sinnlichkeit, Pflicht und Neigung werden versöhnt.

- **„Wilhelm Tell“** (1804): Schillers letztes Historiendrama stellt die Figur des Selbsthelfers ins Zentrum. Tell gerät nicht in tragischen Konflikt mit der Geschichte, sondern zeigt modellhaft, wie Freiheit für den Einzelnen und die Gesellschaft realisierbar ist. Der Protagonist vertritt zu Beginn noch ganz die Utopie eines natürlichen Lebens. Sie wird jedoch durch den Kampf der Schweizer gegen die habsburgischen Besatzer zerstört; der Rütlischwur der Eidgenossen markiert den Beginn des Befreiungskampfes. Tell wird aus seiner privaten Verweigerung gerissen: Er lehnt es ab, das Herrschaftszeichen des Landvogts Geßler, dessen Hut, zu grüßen und wird zum Apfelschuss gezwungen, der das Leben seines Sohnes aufs Spiel setzt. Tell tötet daraufhin Geßler und reflektiert diese Tat als einen Akt des Naturrechts, der die Freiheit aller ermöglicht. Damit kommen auch Individuum und Gesellschaft in ein neues Gleichgewicht.

Johann Joachim Winckelmann

(* 9. 12. 1717 Stendal, † 8. 6. 1768 Triest)
Winckelmann, der Sohn eines Flickschusters und damit aus ärmlichsten Verhältnissen stammend, brachte es schließlich zum Sekretär des Grafen Brünau in Nönitz bei Dresden. Winckelmann ist als höchst wirkungsmächtiger Theoretiker bedeutsam. In seinen „Gedanken über die Nachahmung der griechischen Werke in der Malerei und Bildhauerkunst“ (1755) formuliert er bereits wesentliche Grundsätze des Neoklassizismus, der nicht nur in der Literatur, sondern auch in der bildenden Kunst prägend wurde. Die Bändigung der Leidenschaften in Gestalt der antiken Plastik ist eines der Ideale, die Winckelmann mit der Formel „edle Einfalt, stille Größe“ fasst. Winckelmann ging nach Italien, lebte in Rom, wo er in päpstlichen Diensten stand, und wurde in Triest von einem Raubmörder erstochen.

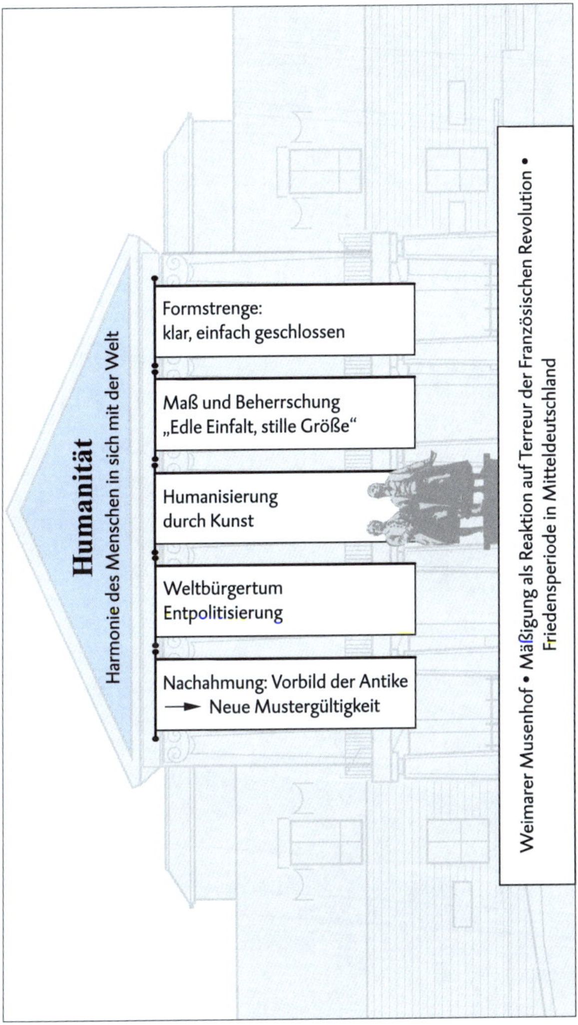
Humanität
Harmonie des Menschen in sich mit der Welt
Formstrenge:
klar, einfach geschlossen
Maß und Beherrschung
„Edle Einfalt, stille Größe“
Humanisierung
durch Kunst
Weltbürgertum
Entpolitisierung
Nachahmung: Vorbild der Antike
→ Neue Mustergültigkeit
Weimarer Musenhof • Mäßigung als Reaktion auf Terreur der Französischen Revolution •
Friedensperiode in Mitteldeutschland

Romantik

Der Begriff romantisch bedeutete zunächst „romanhaft“, übertrieben, phantastisch – und das war im 18. Jahrhundert zunächst durchaus negativ gemeint. Die Romantik erstreckte sich **von ca. 1793 bis zur Mitte der 1830er-Jahre**.

Caspar David Friedrich: Der Wanderer über dem Nebelmeer (1818)

1 Hintergründe

Die Romantik fällt in eine Zeit großer Umbrüche und Unruhen in Europa: 1793 war die **Französische Revolution** noch in vollem Gange, die Terreur erreichte in diesen Jahren ihren Höhepunkt. Die deutschen Intellektuellen gingen immer mehr auf Distanz und setzten dem Geschehen in Frankreich die Idee einer politischen Evolution entgegen.

Ganz Europa war in den Krieg verstrickt. Dieser endete keineswegs mit der Machtergreifung **Napoleons**, der im Gegenteil den Krieg auf deutschen Boden brachte, wo sich ein zunehmendes Nationalbewusstsein ausbildete. Mit dem Reichsdeputationshauptschluss (1803) wurden kirchlicher Besitz und dem Kaiser unterstehende Ländereien den deutschen Fürsten zugeschlagen. Das Heilige Römische Reich deutscher Nation hörte endgültig auf zu existieren (1806). Der Code Civil stellte in Frankreich die Rechtsordnung auf eine neue, ganz Europa beeinflussende Grundlage. Preußen revolutionierte seine Staats- und Wirtschaftsordnung von oben (Freiherr vom Stein, Hardenberg) und unter aufgeklärten Vorzeichen: Die Bauern wurden befreit, die Selbstverwaltung gestärkt, Verwaltung, Heer und Bildungswesen (moderne Universität und Gymnasium) reformiert.

Der **Wiener Kongress** 1815 war nicht nur von dem neuen Modetanz des Walzers geprägt, er ordnete Europa und insbesondere die deutschen Staaten in der Zeit nach Napoleon völlig neu. Ihm folgte die Zeit der Restauration, in der überall die Staaten die Freiheitsbestrebungen ihrer Bürger unterdrückten und Spitzelregime errichteten.

In den Wissenschaften wurden z. B. die „tierische" Elektrizität der Muskulatur und der Elektromagnetismus entdeckt sowie die Molekültheorie (Avogadro) und die Wellentheorie des Lichtes entwickelt.

2 Interpretationsmodell Romantik

Die Romantik als kulturelle Strömung ist geprägt von der Idee, dass Welt und Mensch von einem letzten Grund, einem **Absoluten** oder **Unendlichen** abhängen. Dieses Unendliche zeigt sich in den endlichen Erscheinungen, es ist aber nicht mit endlichen Worten aussagbar, sondern kann nur **indirekt gezeigt** werden. Damit nähert sich die Romantik – im Gegensatz zu Klassik und Aufklärung, die von weltimmanenten Begründungen ausgehen – wieder religiösen Denkformen.

- Das ausgezeichnete Medium, in dem sich das Absolute zeigen lässt, ist die **Poesie**. Poesie meint hierbei nicht nur die Dichtkunst, sondern die Erfahrung einer Grundkraft, die dynamisch und stets wechselnd in allem wirkt (gr. poiesis = herstellen, machen). Poesie zeigt das dynamische, ganzheitliche Wesen der Dinge. Dieses „Zauberwort" muss die Welt zum Klingen bringen, wie es Eichendorff in seinem Gedicht „Wünschelrute" sagt:

  Schläft ein Lied in allen Dingen,
  Die da träumen fort und fort,
  Und die Welt hebt an zu singen,
  triffst du nur das Zauberwort.

- Das innere Wesen zeigt sich nach Überzeugung der Romantik in Erfahrungen, die die analytische Vernunft aufheben: im **Traum**, in **Ahnungen**, im **Gefühl**. Daraus ergibt sich das Interesse der Romantik an außergewöhnlichen psychologischen Zuständen wie dem Rausch oder dem **Wahnsinn**, ja selbst dem Scheintod („schwarze Romantik"). Daher spielen auch die Motive der **Nacht** oder des Unterirdischen, ja überhaupt der Weltschmerz immer wieder eine wichtige Rolle in der Romantik.
- Die Romantik betont stark die **Innerlichkeit**. Der romantische Weg geht nach innen, ins Ich, wo sich die eigentlichen Seinszusammenhänge erahnen lassen. Dieses Ich, das der Welt entzogen ist, bespiegelt sich beispielsweise im Motiv des Doppelgängers. Eine Chiffre dafür ist die Blaue Blume, nach der Heinrich von Ofterdingen im gleichnamigen Roman von Novalis sucht.
- Einen Zugang zum Unendlichen sucht die Romantik auch in der Vergangenheit, genauer im **Mittelalter**. Dessen sprichwörtliche Dunkelheit verbürgt für die Romantiker geradezu eine Nähe zum Ursprünglichen. In der Begeisterung für das Mittelalter spiegelt sich auch deutlich das entstandene historische Bewusstsein wider, das sich mit dem beginnenden Nationalbewusstsein herausbildet. Dies wiederum führt auch zu einer Erforschung des Mittelalters und zum Beginn der Germanistik, die die alten Texte und Quellen aufbereitet.
- Damit eng verbunden ist das Interesse an **Volksdichtung**. Auch sie wird als ein Medium angesehen, das einen unverbildeten Zugang zum Absoluten ermöglicht. Die „Naivität" der Texte wird als Ursprünglichkeit gewertet. Die bekanntesten und wirkungsmächtigsten

Beispiele sind die Textsammlung „Des Knaben Wunderhorn", die Achim von Arnim und Clemens Brentano 1806–1808 in drei Bänden herausgaben, und die „Kinder- und Hausmärchen", veröffentlicht 1812 von den Brüdern Jakob und Wilhelm Grimm.
Das Märchen ist eine beliebte Gattung der Romantik, in der immer wieder auch Kunstmärchen neu geschrieben werden.

- Die **Natur** gilt als ein Bereich, in dem sich das Unendliche unverbildet in unabsehbaren Zusammenhängen offenbart. Daher ist die Naturmetaphorik für die Romantik zentral. Zudem propagieren die Romantiker eine eigene Form der Naturwissenschaft, die der analytischen, experimentierenden Naturwissenschaft entgegengesetzt wird und sehr stark mit spekulativen Analogien arbeitet, aber durchaus auch Entdeckungen machte (z. B. ultraviolette Strahlung durch W. Ritter 1801). Dem entsprechen in der Dichtung Darstellungen von alchemistisch anmutenden Geheimlaboren (E. T. A. Hoffmann) oder Bergwerken (Novalis, Tieck).
- „Die **Musik** ist die romantischste alle Künste." (E. T. A. Hoffmann) Die Aufwertung der reinen Instrumentalmusik zur „absoluten" Musik ist eine Idee der Frühromantik. Sie gilt als begriffslose „Sprache", die keine festgelegte Bedeutung hat und zugleich das emotionale Innere des Menschen besonders anspricht.
  Diese unbestimmte Offenheit kennzeichnet im Übrigen auch die Malerei der Romantik, namentlich bei Caspar David Friedrich, dessen Bilder immer wieder von großer (menschen)leerer Natur gekennzeichnet sind.
- Die romantische Dichtung versteht sich als **Gesamtkunstwerk**, das alle Künste integriert und so alle Sinne des Menschen anspricht und alle Erscheinungsweisen miteinander verschränkt. Diese Idee ist viel älter als Richard Wagners Versuche, mit seinen Opern so etwas wie ein Gesamtkunstwerk umzusetzen. Programmatisch formuliert dies Friedrich Schlegel 1798 im 116. Fragment für seine Zeitschrift „Athenäum": „Die romantische Poesie ist eine progressive Universalpoesie. Ihre Bestimmung ist nicht bloß, alle getrennten Gattungen der Poesie wieder zu vereinigen und die Poesie mit der Philosophie und Rhetorik in Berührung zu setzen. Sie will und soll auch Poesie und Prosa, Genialität und Kritik, Kunstpoesie und Naturpoesie bald mischen, bald verschmelzen, die Poesie lebendig und gesellig und das Leben und die Gesellschaft poetisch machen, den Witz poetisieren und die For-

men der Kunst mit gediegenem Bildungsstoff jeder Art anfüllen und sättigen und durch Schwingen des Humors beseelen."

- Die Unmöglichkeit, das Absolute zu erfassen, thematisieren die romantischen Dichter auch in formaler Hinsicht, indem sie viele Texte **fragmentarisch** anlegen. Die Annäherung an das Unendliche lässt sich nie zu einem Ende bringen.
- Schließlich ist die **romantische Ironie** für die Epoche kennzeichnend. Sie zeigt, dass jede Äußerung das Absolute immer nur uneigentlich und in Annäherungsversuchen erfassen kann. Sie stellt alle Zeichen als Zeichen dar, indem diese Zeichen immer auch auf sich selbst verweisen, und offenbart so, dass das Unendliche letztlich unsagbar bleibt. Umsetzungen sind beispielsweise literarische Texte, die sich selbst kommentieren, oder Werke, in denen Figuren aus der Handlung heraustreten, das Publikum oder den Leser direkt ansprechen und das Stück bzw. den Text thematisieren.
- Es ist nicht verwunderlich, dass eine Kunst, die den Anspruch hat, das Absolute darzustellen, und damit sich zur **Kunstreligion** stilisiert, auch den Künstler aufwertet und ihm die Rolle eines quasipriesterlichen Sehers zuspricht. Die Romantik reflektiert aber den überzogenen Anspruch, der darin liegt, und bricht auch diese Stilisierung des Künstlers ironisch in der Darstellung seines Scheiterns.

Entwicklung der Romantik

In der Romantik bildeten sich immer wieder Zentren heraus, an denen sich viele Vertreter trafen und intensiv austauschten und zusammenarbeiteten – „sympoetisieren" oder symphilosophieren (gr. syn- = zusammen) nannten sie es. Treffpunkte waren häufig die sog. Salons, etwa bei Dorothea Schlegel in Jena oder Rahel Varnhagen in Berlin.

Ein erstes Zentrum war **Jena** (auch „Frühromantik", ca. 1794–1800). Hier trafen sich die Brüder Friedrich und August Wilhelm Schlegel, Novalis und Ludwig Tieck, der Theologe F.D.E. Schleiermacher, die Philosophen J.G. Fichte und F.W. Schelling sowie der Naturwissenschaftler J.W. Ritter. Schwerpunkt der Diskussionen und Texte war neben der Auseinandersetzung mit der Antike und der Naturphilosophie – und natürlich der Poesie – vor allem eine theoretische Fundierung der Romantik. Sie geschieht nicht in systematischen Texten, sondern vor allem in Sammlungen von Fragmenten, die eine Fülle von Einfällen in ein offenes

Ganzes bringen. Der Jenaer Kreis gab eine gemeinsame Zeitschrift heraus, das „Athenäum" (1798–1800).

Ein nächstes Zentrum wurde **Heidelberg** zwischen 1805 und ca. 1808 (bisweilen als „Hochromantik" bezeichnet). Hier trafen sich Achim von Arnim, Clemens Brentano, Joseph von Eichendorff, Joseph Görres, die Brüder Jakob und Wilhelm Grimm. Neben den eigenen Dichtungen beschäftigte diese Gruppe vor allem Sprach-, Geschichts- und Mythenforschung, die auch einem deutschen Nationalbewusstsein zuarbeiten sollten. Das Interesse an Volksdichtung kulminierte in den beiden Textsammlungen „Des Knaben Wunderhorn" (Arnim/Brentano 1806–1808) und „Kinder- und Hausmärchen" (Brüder Grimm 1812). Auch hier gab es ein gemeinsames Zeitschriftenprojekt, die „Zeitschrift für Einsiedler" (1808).

In **Dresden** trafen sich Heinrich von Kleist, der Staatsrechtler Adam Müller und der Naturforscher G.H. Schubert und gaben die Zeitschrift „Phöbus" heraus (nur ein Jahrgang 1808). In **Berlin** versammelten sich ab 1810 im Salon der Rahel Varnhagen die Brüder Schlegel, A. v. Chamisso, F. de la Motte-Fouqué; 1814 stieß E.T.A. Hoffmann hinzu. Zur **Schwäbischen Romantik** schließlich zählen Ludwig Uhland, Justinus Kerner, Gustav Schwab und Wilhelm Hauff.

Die Romantik erstreckte sich bis in die 1830er-Jahre. Ein weiteres Zentrum bildete sich nicht mehr aus. In dieser Zeit schrieben vor allem Eichendorff und Eduard Mörike. Heinrich Heine der Romantik zuzuordnen, wie es manchmal geschieht, ist mehr als fragwürdig (vgl. S. 77f.).

3 Verhältnis zu anderen Epochen

Die Romantik knüpft an die Kultur des Gefühls an, wie sie sich im Sturm und Drang und in der Empfindsamkeit entfaltet hatte. Auch der Geniegedanke wird von der Romantik übernommen, und mit ihm die Überzeugung, dass in der Tiefe des Subjekts unbewusste Kräfte wirken. Sie teilt die Kritik an Spießbürgertum und Nützlichkeitsdenken, formuliert aber kaum je eine soziale Anklage. Mit Aufklärung und Klassik verbindet sie das Ideal des ganzen Menschen und der Humanität, sie stellt dabei aber weniger das einzelne Individuum ins Zentrum. Der Aufklärung warfen die Romantiker eine einseitige Vernunftorientierung vor und werteten dagegen Gefühl und Fantasie auf. Entgegen der Klassik möchte die Romantik die strenge Form zugunsten lebendiger Kräfte sprengen. Sie blickt dabei durchaus auch auf die Vergangenheit, ihr Bezugspunkt ist allerdings nicht die Antike, sondern das Mittelalter. In der Folge sieht sich die Romantik dem Vorwurf der Weltfremdheit ausgesetzt, der Frührealismus wendet sich bewusst gegen die Romantik und den herrschenden politischen und gesellschaftlichen Verhältnissen zu.

4 Wichtige Vertreter und ihre Werke

Achim von Arnim (* 26. 1. 1781 Berlin, † 21. 1. 1831 Wiepersdorf)
Arnim, aus altem brandenburgischem Adel stammend, traf Clemens Brentano zunächst in Göttingen, wo er Jura studierte. Nach ihrer Rheinfahrt kam es zur gemeinsamen Arbeit an der Wunderhorn-Sammlung in Heidelberg. Arnim griff zum Teil recht stark bearbeitend und mitdichtend ein. Sein Projekt war, ein „Denkmal des deutschen Geistes" zu errichten und damit gegen Napoleon die Einheit Deutschlands und eine deutsche Revolution voranzutreiben; politisch wie publizistisch war er konservativ. Arnim schrieb vor allem Lyrik und gab mit Brentano die „Zeitschrift für Einsiedler" heraus, das Organ der Heidelberger Hochromantik. Er lebte überwiegend auf seinem Gut Wiepersdorf.

Bettine von Arnim (* 4. 4. 1785 Frankfurt/M., † 20. 1. 1859 Berlin)
Die Schwester Clemens Brentanos hatte durch ihren Bruder Zugang zu zentralen Zirkeln der Romantik und pflegte intensive Freundschaften zu Karoline von Günderrode, aber auch zu Goethes Mutter. Ihr koboldhaftes, bis zum Übermut temperamentvolles, dem Augenblick hingegebenes Wesen war nicht nur Selbststilisierung. Nach dem Tod ihres Mannes Achim von Arnim gab sie dessen Werke heraus. Zugleich schrieb sie autobiografische Briefromane, am bekanntesten „Goethes Briefwechsel mit einem Kinde" (1835), die Erinnerung und Fiktion untrennbar vereinen. Sozialkritisch ist „Dies Buch gehört dem König" (1843), in dem sie die sozialen Verhältnisse anprangert und offenherzig an den König appelliert. Ein weiteres „Armenbuch" musste sie wegen drohender Zensur aufgeben.

Clemens Brentano
(* 9. 9. 1778 Ehrenbreitstein, † 28. 7. 1842 Aschaffenburg)
Brentano entstammte einer Frankfurter Kaufmannsfamilie. Nach Studien ohne rechtes Ziel kam 1801 sein Roman „Godwi" heraus. 1802 lernte er Achim von Arnim kennen, mit dem er eine gemeinsame Rhein-

fahrt unternahm – sie begründete die Freundschaft und Zusammenarbeit der beiden. In Heidelberg gab er mit Arnim gemeinsam die Volksliedsammlung „Des Knaben Wunderhorn" heraus (1806–1808), die die romantische Begeisterung für Volkspoesie ebenso dokumentierte wie förderte. Daneben schrieb er Lyrik. Nach unstetem Leben bekannte sich Brentano 1817 zum Katholizismus, schrieb Erbauungsliteratur und dokumentierte das Leiden der stigmatisierten Nonne Anna Katharina Emmerick – auf 16 000 Seiten.

Joseph (Freiherr) von Eichendorff

(*10. 3. 1788 Schloss Lubowitz, † 26. 11. 1857 Neisse)
Eichendorff entstammte dem oberschlesischen, katholischen Landadel und studierte Jura u. a. in Heidelberg und Berlin, wo er die führenden Romantiker kennenlernte. Er nahm an den Befreiungskriegen gegen Napoleon teil, die Familie verlor ihre Güter und Eichendorff trat als Verwaltungsbeamter, später dann Schulrat und schließlich Regierungsrat im Berliner Kulturministerium in den preußischen Staatsdienst ein, den er bis 1844 versah.

Eichendorff schrieb Erzählungen und Romane („Ahnung und Gegenwart" 1815; „Aus dem Leben eines Taugenichts" 1826), bedeutend ist er als Lyriker. Seine Gedichte waren inspiriert von den einfachen Formen des Volksliedes – und viele seiner Gedichte wurden selbst Volkslieder (z. B. „In einem kühlen Grunde"). Eine wichtige Rolle spielen neben Märchenthemen vor allem Naturbilder und die Sehnsucht, die sich z. B. im Wandermotiv oder in der Position des lyrischen Ich am Fenster ausdrückt.

- **„Aus dem Leben eines Taugenichts"** (1826): Der Protagonist, ein namenloser Müllersohn, vom Vater von zu Hause wegen Faulheit hinausgeworfen, zieht durch die Welt, verliebt sich in die schöne Schlossdame Aurelie, die ihm unerreichbar scheint. Er wandert ins Sehnsuchtsland der Deutschen, nach Italien, nach Rom und durchlebt so manche geheimnisvolle Liebelei; allen sexuellen Verführungen entgeht er durch einen naiven Glauben. Aus Sehnsucht nach Aurelie kehrt er heim, da entpuppt sich diese als Nichte des Schlossportiers: Heirat und Happy End. – Die Novelle stilisiert in märchenhaften Zügen ein romantisches, poetisches Leben jenseits aller bürgerlichen Nützlichkeitserwartungen.

Johann Wolfgang von Goethe (s. auch S. 35f., 44ff.)

- **„Faust“** (1772–1831): Der „Faust“ ist eines von Goethes Lebensprojekten. Erste Entwürfe gehen auf die Sturm-und-Drang-Zeit Goethes zurück (sog. „Urfaust“). Auf der italienischen Reise Ende der 1780er-Jahre nimmt er ihn sich kurz wieder vor, intensiv beginnt er 1797 daran zu arbeiten, als Goethe insgesamt noch der Klassik verpflichtet ist. Just mit dem „Faust“ – den viele Literaturgeschichten der Klassik zurechnen – löst er sich von der Klassik und stellt das neuzeitliche Individuum als eines dar, das gerade nicht in sich zur Ruhe kommt, sondern beständig über die Grenzen des Menschlichen hinausdrängt.
  Im „Prolog im Himmel“ des **ersten Teils** (1808) wettet Mephisto mit Gott, den greisen Gelehrten Faust zu sich herabzuziehen. Faust strebt nach einem sinnlich-rationalen ganzheitlichen Erfassen der Welt und einem Ausschöpfen aller menschlichen Möglichkeiten. Nachdem ihn weder seine Forschungen noch Magie weitergebracht haben, schließt er mit Mephisto einen Pakt, der Faust autonom lässt, solange er niemals zufrieden ist. Mit der Verjüngung in der „Hexenküche“ beginnt die Gretchentragödie: Faust möchte Gretchen, in die er sich verliebt hat, unbedingt besitzen – und geht dafür über Leichen: Gretchens Mutter stirbt an einem Schlafmittel, ihr Bruder wird von Faust mit Mephistos Hilfe im Zweikampf getötet, Gretchen bringt, verlassen und verzweifelt, ihr uneheliches Kind um. Sie bleibt als Liebende die Gegenfigur zur Mephisto. In der „Walpurgisnacht“ zeigt das Drama Sex und Geld als gefährliche Grundtriebe des Menschen.
  Im **zweiten Teil** (entstanden 1825–1831) setzt die vielschichtige Handlung neu ein. Der erste Akt thematisiert die Erfindung des Papiergeldes als inflationsträchtigen Scheinreichtum. Fausts Versuch, Helena als Ideal der klassischen griechischen Schönheit in die Gegenwart zu überführen, scheitert – eine deutliche Distanzierung von der Klassik (s. S. 41ff.). Faust gelangt durch die „Klassische Walpurgisnacht“, ein Panorama der Antike, zu Helena; aus der Vereinigung von „romantischem“ Norden und „klassischem“ Süden geht beider Sohn Euphorion hervor. Er reift rasch und stirbt bald; Helena folgt ihm in den Tod. Nochmals neu einsetzend zeigt das Drama im 4. und 5. Akt Fausts letztes Projekt: die Kolonisierung eines Landstreifens durch Dämme, die Faust skrupellos vorantreibt. Faust stellt sich zufrieden das neue Leben in dem neuen Land vor. Damit ist der Teufelspakt

dem Wortlaut nach erfüllt, der hundertjährige Faust stirbt. Am Ende bekommt Mephisto seine Seele jedoch nicht, sie wird mit der Begründung: „Wer immer strebend sich bemüht, /den können wir erlösen." zum Himmel emporgetragen.

Jacob Grimm (* 4. 1. 1785 Hanau, † 20. 9. 1863 Berlin) und
Wilhelm Grimm (*24. 2. 1786 Hanau, †16. 12. 1859 Berlin)
Das Brüderpaar arbeitete fast ein ganzes Leben lang zusammen, von der Zeit als Bibliothekare in Kassel bis zum gemeinsamen Wirken als Mitglieder der preußischen Akademie der Wissenschaften in Berlin. Dazwischen waren sie ab 1830 Professoren in Göttingen, wo sie 1837 als Teil der „Göttinger Sieben" gegen die Aufhebung der Verfassung durch den neuen König protestierten. Die Entlassung kam prompt. Das Deutsche als Sprache und Gedankengebäude (in einem denkbar unnationalen Sinne!) war die Triebfeder der Grimms. Aus diesem Bewusstsein entwickelten sie Grundlagen der Germanistik als wissenschaftlicher Disziplin.

Berühmt wurden sie für die „Kinder- und Hausmärchen" (1812), ihre Sammelleidenschaft führte auch zur Herausgabe der „Deutschen Sagen" (1816–1818), der „Deutschen Mythologie" (J. G. 1835) oder der „Deutschen Rechtsaltertümer", die Jacob Grimm als Sammlung eines volkstümlichen Gewohnheitsrechts herausgab. Wilhelm Grimm stellte in der Sammlung „Die Deutsche Heldensage" die These einer indogermanischen Sprachfamilie auf.

Das ist das zweite große Feld, um das sich die Grimms verdient gemacht haben. Die „Deutsche Grammatik" (1819/37) formuliert u. a. das Gesetz der Lautverschiebungen im Laufe der Sprachentwicklung des Hochdeutschen. Das „Deutsche Wörterbuch" schließlich sollte alle (!) deutschen Wörter einschließlich ihrer Geschichte mit Belegstellen dokumentieren – die Einheit der Sprache sollte ein Stück weit die politische Einigung ersetzen, die 1848 gescheitert war. Das Riesenprojekt, für das die Brüder immerhin noch 600 000 Belege sammelten, kam erst einhundert Jahre später, 1961, zum Abschluss.

Karoline von Günderrode
(* 11. 2. 1780 Karlsruhe, † 26. 7. 1806 Winkel am Rhein)
Aus gutem Hause, jedoch ohne Vermögen wurde die Günderrode, die bei ihrer verwitweten Mutter aufwuchs, in ein evangelisches Frauenstift gesteckt. Immer wieder floh sie in die Welt hinaus, lernte Brentano und seine Schwester Bettine kennen, mit der sie intensiv befreundet war. Ihre Lyrik kreist um Liebe und Tod. Sie hatte eine innige Liebesbeziehung

mit dem verheirateten Mythenforscher G. F. Creuzer, der jedoch1806 zu seiner Frau zurückkehrte. Karoline fand man bald darauf mit einem Dolch im Herzen an einer einsamen Stelle am Rhein.

Ernst Theodor Amadeus Hoffmann

(* 24. 1. 1776 Königsberg, † 25. 6. 1822 Berlin)
Hoffmann war ein Tausendsassa: Er schrieb nicht nur, sondern war gleichermaßen auch Musiker und Zeichner. Nach einem Jurastudium in Königsberg und Berlin begann er als Beamter in Posen, wurde dann aber – er hatte Posener Bürger karikiert – strafversetzt nach Plock und Warschau. 1806 marschierten dort die Franzosen ein, Hoffmann verlor seine Stellung. Er schlug sich durch, bis er 1808 als Musikdirektor am Theater Bamberg angestellt wurde; bald war er auch Bühnenbildner und Hauskomponist; 1814 vollendete er seine Oper „Undine“. Weil er Mozart verehrte, tauschte er seinen dritten Vornamen Wilhelm gegen Amadeus aus. Eine unglückliche Liebe mit seiner Gesangsschülerin trieb ihn zum Alkohol und nach Dresden. Dort war er kurz Kapellmeister, überwarf sich jedoch mit dem Intendanten. Ab 1814 war er am Justizministerium, ab 1816 am Kammergericht in Berlin tätig. Er machte tagsüber Karriere, abends im geselligen Kreise lebte er auf und schrieb. Weil er während der sog. Demagogenverfolgungen liberale Positionen einnahm und einen preußischen Polizeichef literarisch karikierte, wurde 1821 ein Disziplinarverfahren gegen Hoffmann eröffnet. Den Prozess erlebte er nicht mehr, aufgrund eines schmerzvollen Rückenleidens starb er 1822.

Hoffmanns große Themen sind die Musik, die er als die „romantischste aller Künste“ bezeichnet und als absolute Musik aufwertet. Er kritisiert immer wieder das Spießertum. Das Unheimliche und die Nachtseiten der Gesellschaft beschäftigten ihn intensiv, weshalb man ihn auch „Gespenster-Hoffmann“ nannte.

- **„Der goldene Topf“** (1814): In diesem Kunstmärchen hat der naiv-poetische Student Anselmus eine Erscheinung, die ihn zum Archivarius Lindhorst bringt. In dessen Gestalt verbirgt sich ein Elementargeist, der aus der sagenhaften Welt Atlantis verbannt worden ist. Für Lindhorst kopiert Anselmus rätselhafte Manuskripte, hat aber bald poetische Visionen und verliebt sich in Serpentina, die Tochter Lindhorsts. Sie verspricht ihm als Mitgift den glücksbringenden goldenen Topf. Aus dieser poetischen Traumwelt wird Anselmus durch das Apfelweibchen und Veronika zurückgeholt, deren höchster Traum es ist, an Anselmus’ Seite als bürgerliche Hofrätin zu leben. Dem wieder zu bürgerlichem Normalverstand gebrachten Anselmus erscheint die ganze Zauberwelt Lindhorsts zunächst als Trug – darum wird er zur Strafe von diesem in eine Glasflasche gesperrt (Metapher für die Enge der normalbürgerlich-prosaischen Existenz). Nachdem Lindhorst das Apfelweibchen in einem dramatischen Kampf besiegt hat, heiratet Anselmus doch noch Serpentina. – Hoffmann konfrontiert in der typisch romantischen Form des Märchens ironisch die poetisch-phantastische und die normale, „philisterhafte" Existenz.

- **„Der Sandmann"** (1816): Der Student Nathanael glaubt in dem Wetterglashändler Coppola den teuflischen Advokaten Coppelius wiederzuerkennen, den er für den Tod seines Vaters verantwortlich macht. Als Kind schien ihm Coppelius mit dem Sandmann, einer augenraubenden Schreckgestalt, identisch. Nathanaels Verlobte Clara kann ihn zunächst beruhigen. Jedoch kauft Nathanael bei Coppola ein „Perspektiv" (ein Fernrohr), das ihn seines klaren Blickes beraubt: Er hält eine Automatenpuppe seines Physikprofessors für eine glutäugige Schönheit und verfällt schließlich dem Wahnsinn. Clara pflegt ihn gesund, doch da erblickt er noch einmal Coppola durch das Perspektiv und stürzt sich von einem Turm in den Tod. – Hoffmann spielt in dieser Erzählung mit der Problematik von Wahrnehmung und Erkennen (Motiv der Augen) sowie mit dem Verhältnis von Selbstverlust und Identität. Beides spiegelt sich im polyperspektivischen Erzählen.

Novalis (d. i. Georg Philipp Friedrich Freiherr von Hardenberg,
* 2. 5. 1772 auf Gut Oberwiederstedt, † 25. 3. 1801 Weißenfels)

Der Sohn des kursächsischen Salinendirektors wuchs behütet auf, studierte 1790–1794 Jura in Jena, Leipzig und Wittenberg und trat in den thüringischen Staatsdienst ein. Seine Verlobte Sophie von Kühn starb 1797 blutjung an der Schwindsucht; Novalis verfiel in Schwermut, verklärte den Tod als Verbindung von Endlichem und Unendlichem und sah die Dichtung als Überwinderin des Todes („Hymnen an die Nacht" 1800). Er studierte nochmals, jetzt an der Bergakademie in Freiberg, und war seit 1799 Geschäftsführer der kursächsischen Salinen in Weißenfels. Diese naturwissenschaftliche Ausbildung schlug sich auch in seinem Werk nieder, im „Athenäum" veröffentlichte er Aphorismen, die Kunst und Naturphilosophie eng verbinden. In „Die Christenheit oder Europa" (1799) entwirft Novalis eine egalitäre politische Utopie.

- Sein großer Roman **„Heinrich von Ofterdingen"** (1802) schildert die Suche des Protagonisten, eines sagenhaften mittelalterlichen Dichters, nach der Wirklichkeit hinter der Welt der Erfahrungen. Die Poesie erscheint als das Medium, um zum Eigentlichen vorzudringen und das Getrennte zu vereinen. Das Leitmotiv der **blauen Blume** symbolisiert die romantische Sehnsucht nach der Verbindung von Natur, Mensch und Geist.

Friedrich Schlegel (* 10. 3. 1772 Hannover, † 12. 1. 1829 Dresden)
Schlegel sollte auf Wunsch des Vaters eine Banklehre machen, brach sie jedoch bald ab und studierte in Göttingen Jura. Er ging nach Leipzig und führte dort ein ausschweifendes, skandalträchtiges Leben, das ihm enorme Schulden eintrug. Als einer der Ersten in Deutschland versuchte er, als freier Schriftsteller zu leben. Er sympathisierte mit der Französischen Revolution. Im Jenaer Romantikerkreis war er ein treibendes Element und verfasste eine Reihe von Fragmentsammlungen, die literarische, wissenschaftliche, historische Ideen miteinander verschränken, aber auch literaturtheoretische Aufsätze für die Zeitschrift „Athenäum", und stellte die Forderung auf, die Gegenwart müsse eine **neue Mythologie** haben. Er ging nach Berlin, wo er mit der Bankiersgattin Dorothea Veit anbandelte – als skandalös wurde aber vor allem empfunden, dass Schlegel diese Beziehung in seinem Roman „Lucinde" freimütig darstellte. Dann bekam Schlegels Lebenslauf einen Bruch: Er konvertierte – wie eine ganze Reihe von Romantikern – 1808 öffentlichkeitswirksam zum Katholizismus und ging nach Wien, wo er sich als Beamter in den Dienst der Metternich'schen Restaurationspolitik stellte.

Zwischen den Epochen (Jean Paul, Hölderlin, Kleist, Hebel)

Friedrich Hölderlin (* 20. 3. 1770 Lauffen, † 7. 6. 1843 Tübingen)
Hölderlin ging in den Klosterschulen Denkendorf und Maulbronn zur Schule und studierte im Tübinger Stift Philosophie und Theologie, zusammen mit Hegel und Schelling. Er führte ein Wanderleben, war Hauslehrer in Walterhausen bei der mit Schiller befreundeten Charlotte von Kalb, in Frankfurt, Homburg, Hauptwil, Bordeaux. In Frankfurt war er

unglücklich in seine Arbeitgeberin Susette Gontard – und sie in ihn – verliebt. 1807 brach endgültig eine Geisteskrankheit bei ihm aus, und Hölderlin verbrachte sein verbleibendes Leben in Tübingen beim Schreinermeister Zimmer.

Hölderlins frühe Hymnen verraten den Einfluss Schillers und besingen abstrakte Ideen wie Freiheit oder Wahrheit, greifen aber auch schon historische Stoffe auf. Sein großer Briefroman „Hyperion" (1797/99) zeigt den Protagonisten in den Wirren der griechischen Befreiungskriege der 1770er-Jahre zwischen innigem Gefühl, hochfahrendem Aufbruch und Reflexion. In seinen äußerst verdichteten Oden greift Hölderlin antike Versmaße auf, thematisch orientiert er sich zum Teil am antiken Mythos, der aber in eine neue, moderne Form überführt wird. Die Antike soll dabei nicht in der äußeren Form, sondern ihrem Geist nach aktualisiert werden; konkret heißt dies: Die kühle Rationalität des aufgeklärten Nordeuropäers soll durch das „Feuer vom Himmel", wie es für die Antike charakteristisch sei, ergänzt werden. Dieser (Anti-) Klassizismus wird später z. B. für Nietzsche prägend werden. Hölderlin entwickelt eine Dichtungstheorie, die sich als Integration von Philosophie, Religion, Wissenschaft usw. versteht und existenzielle Grundbefindlichkeiten des Menschen kalkuliert und reflektiert dichterisch zu fassen versucht. Ein großes Drama über den Naturphilosophen Empedokles bleibt unvollendet. Die späten, meist unvollendeten Hymnen sind mit ungeheurer Intensität und Dichte formuliert. Dabei wird die Sprache immer mehr an die Grenzen ihrer Ausdrucksfähigkeit gebracht (Inversionen, Abbrüche, Neologismen usw.). Hölderlin blieb zu seiner Zeit ein Außenseiter, wurde dann in seiner Tübinger Turmzeit Gegenstand der Legendenbildung und hat im 20. Jahrhundert große Aufmerksamkeit erfahren.

Jean Paul (d. i. Johann Paul Friedrich Richter, * 21. 3. 1763 Wunsiedel, † 14. 11. 1825 Bayreuth)
Jean Paul stammte aus kleinsten Verhältnissen und studierte unter großen Entbehrungen Theologie in Leipzig. Früh entschloss er sich, ausschließlich vom (und fürs) Schreiben zu leben. Nach unstetem Wanderleben ließ er sich 1804 in Bayreuth nieder, wo er 1825 erblindet starb.

Jean Pauls große Romane thematisieren häufig Lebens- und Bildungsgeschichten. Dabei kritisiert er auf dem Wege der Satire den absolutistischen Feudalstaat ebenso wie die herrschenden Erziehungsideale, so z. B. in der ironischen Idylle „Leben des vergnügten Schulmeisterlein

Maria Wutz in Auenthal" im Roman „Die unsichtbare Loge" (1793). Die „Rede des toten Christus vom Weltgebäude herab, dass kein Gott sei" (aus dem Roman „Siebenkäs", 1796/97) ist ein Stück nihilistischer Prosa, das Jean Paul von der Romantik trennt. Eine zentrale Kategorie seiner Dichtungstheorie ist der Humor; Jean Paul plädiert für eine gleichberechtigte Verschränkung von Ideal und Wirklichkeit, die in ihrer unabsehbaren Vielfalt einer Entwertung als bloßer Schein widersteht und damit der dogmatischen Verfestigung von Ideen zuwiderläuft („Vorschule der Ästhetik" 1804). Dies setzt er in seinen Texten um: Die eigentliche Handlung tritt hier gegenüber vielfältigen Abschweifungen, Nebenbemerkungen oder Seitenhandlungen zurück, die eine Fülle von Themen aufnehmen. Eine überbordende Flut von Metaphern und Wortspielen machen seine Texte ebenso unterhaltsam wie unübersichtlich. Nicht zuletzt sind die auktorialen Erzähler sprunghaft und mischen sich auf verwirrende Weise in die Handlung ein.

Heinrich von Kleist

(* 18. 10. 1777 Frankfurt/Oder, † 21. 11. 1811 Wannsee)
Kleist wurde nicht alt – mit 34 Jahren erschoss er sich zusammen mit Henriette Vogel am Ufer des Wannsees bei Berlin. Es war das Ende eines bewegten Lebens. Aus einer alten preußischen Offiziersfamilie stammend, ging Kleist mit 15 Jahren zum preußischen Militär und nahm an mehreren Feldzügen teil. 1799 studierte er in Frankfurt an der Oder, ohne einen Abschluss zu machen. Auch die Verlobung mit Wilhelmine von Zenge, der Tochter des Stadtkommandanten, hielt nicht. Kleist führte ein unstetes Leben und reiste: 1800 Würzburg, 1801 Paris, dann als Einsiedler bei Thun in der Schweiz, schließlich in Königsberg. Bei seiner Rückkehr wurde er 1807 vor Berlin von den Franzosen – das Preußen Friedrichs des Großen war gerade unter dem Ansturm Napoleons zusammengebrochen – verhaftet und musste ein halbes Jahr in Kriegsgefangenschaft zubringen. Aufgrund seiner fortdauernden materiellen Sorgen versuchte Kleist, in der preußischen Verwaltung unterzukommen. Zwei Zeitschriften („Phöbus" 1808 und die Berliner Abendblätter 1810/11) hatten keine lange Lebensdauer.

In Kleists Werk verbinden sich romantische, klassische und aufklärerische Elemente. Seine Dramen und Erzählungen kreisen um die Schwierigkeiten und die Vorläufigkeit der Selbstbestimmung unter dem Ansturm äußerer Kräfte wie Krieg und Gewalt, etwa in der Novelle „Das Erdbeben in Chili". Daneben sind die Macht der Gefühle sowie die Begrenztheit des menschlichen Erkenntnisvermögens zentrale Themen. Kleist verwendet in seinem Aufsatz „Über das Marionettentheater" die Marionette als Metapher für die vollendete Anmut, die nur ohne Kontrolle des Bewusstseins möglich sei. Sobald der Mensch versuche, bewusst und kalkuliert die natürliche Anmut wiederherzustellen, müsse er scheitern. Das Schreiben versteht Kleist als einen offenen suchenden Erkenntnisprozess („Über die allmähliche Verfertigung der Gedanken beim Reden").

Kleists Sprache ist in seinen Versdramen ebenso wie in seinen Erzählungen höchst virtuos und zeigt stets einen dichten Ausdruck in komplexem Satzbau.

- **„Die Marquise von O…"** (1808): Die Erzählung schildert die Suche der Marquise mit einer Zeitungsanzeige nach dem Vater des Kindes, das sie erwartet. Bei einem Angriff von russischen Soldaten auf das väterliche Schloss ist sie vom Grafen F. gerettet, dann aber im Zustand der Bewusstlosigkeit von diesem vergewaltigt worden. Die Familie hat die Marquise aufgrund ihrer unerklärlichen Schwangerschaft verstoßen. Als der Graf sein Vergehen enthüllt und zu seiner Vaterschaft steht, weist sie ihn zurück. Erst nach einem Jahr nimmt sie ihn, in dem sie zugleich Engel, da Retter, und Teufel, da Vergewaltiger, sieht, als Gatten an. Die Ohnmacht steht hier nicht nur für Machtlosigkeit, sondern ist Chiffre für ein Ausweichen vor einer unerträglichen Erkenntnis.
- **„Michael Kohlhaas"** (1810): Der Rosshändler Kohlhaas wehrt sich in dieser um die Mitte des 16. Jahrhunderts spielenden Erzählung gegen den Missbrauch zweier seiner Pferde, zunächst erfolglos auf dem Gerichtsweg im Kurfürstentum Brandenburg, dann in einer maßlosen Orgie gewaltsamer Selbstjustiz. Von Luther zur Besinnung gebracht, lässt er sich auf einen erneuten Prozess ein, der ihn schließlich nach Berlin führt. Dort wird ihm sein Recht zuteil, im Gegenzug akzeptiert er seine Verurteilung zum Tode. Zentrales Thema ist die Frage des Widerstandsrechts und der Verhältnismäßigkeit angesichts faktischen Unrechts und der unüberschaubaren Komplexität der Wirklichkeit.
- Das Drama **„Amphitryon"** (1807) kreist um den Mythos des Halbgottes Herakles, den Jupiter mit Alkmene, der Frau des griechischen Heerführers Amphitryon, zeugt. Zentral ist die Zerrissenheit Alkmenes zwischen ihrem Mann und Jupiter, der in Amphitryons Gestalt geschlüpft ist. So weiß sie zuletzt selbst nicht, wen sie eigentlich liebt.

- **„Prinz Friedrich von Homburg"** (1811): Der preußische Hofstaat erlaubt sich einen Spaß mit dem schlafwandelnden Prinzen und gaukelt ihm vor, er werde als Feldherr ausgezeichnet und mit Natalie, der Nichte des Kurfürsten, seines Vorgesetzten, verheiratet. Am folgenden Tag macht er in einer Schlacht, noch ganz in Gedanken an die Nacht, entgegen dem Befehl des Kurfürsten einen Ausfall, der Preußen den Sieg, den Prinzen aber vors Kriegsgericht bringt. Nach langem Hadern über dieses Unrecht überwindet er sich und seine Todesangst, beugt sich dem Todesurteil, wird aber schlussendlich vom Kurfürsten begnadigt und mit Natalie vermählt. Das Drama verbindet die Frage von Notwendigkeit und billiger Anwendung des Gesetzes mit dem Thema des Gefühls als welterschließendem, die Vernunft übersteigendem Organ.
- In dem Lustspiel **„Der zerbrochne Krug"** (1806) sitzt der Dorfrichter Adam über die eigenen Verfehlungen zu Gericht. Er hat in der Nacht bei Eve ein Schäferstündchen erpressen wollen, ist aber von deren Verlobtem Ruprecht überrascht worden; bei der zunächst unerkannten Flucht ist ein Krug zerbrochen (Symbol für Eves Jungfräulichkeit ebenso wie für die Wahrheit). Eves Mutter will nun den Schuldigen für den Schaden vor Gericht ermitteln, sodass Adam gezwungen ist, einen Prozess gegen sich selbst zu führen. Der Gerichtsrat Walter wohnt dem Prozess bei und durchschaut, ebenso wie das Publikum, bald das falsche Spiel Adams, der durch immer neue Tricks den Verdacht auf andere zu lenken versucht. Kleist führt in dem Drama eine Kommunikation vor, die beständig auf zwei Ebenen spielt und durch Adams doppelbödige Rede gestört wird. Eine Inspirationsquelle für Kleist war Sophokles' Drama „König Ödipus".

Johann Peter Hebel (* 10. 5. 1760 Basel, † 22. 9. 1826 Schwetzingen)
Hebel wuchs als Waise im Südschwarzwald auf und brachte es zum Direktor des Gymnasiums in Karlsruhe, später dann zum Vorsteher der evangelischen Landeskirche in Baden. 1803 veröffentlichte er „Alemannische Gedichte", die als Durchbruch der Mundartdichtung gelten. Berühmt wurden seine Kalendergeschichten, die er als Herausgeber des Volkskalenders „Rheinländischer Hausfreund" verfasste. Dabei griff er zum Teil auf Volkssagen zurück, die er in volksaufklärerischer Absicht neu fasste.

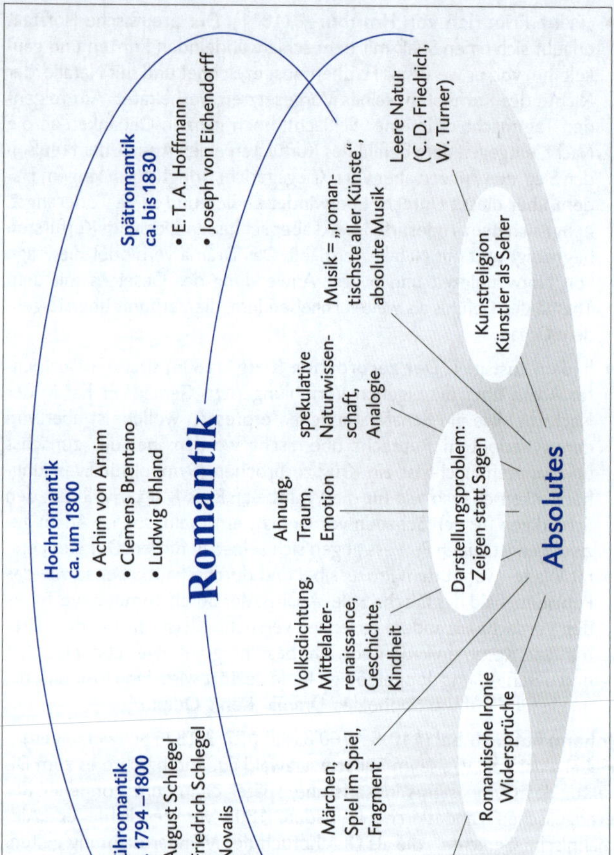
Frühromantik
ca. 1794–1800
• August Schlegel
• Friedrich Schlegel
• Novalis
Hochromantik
ca. um 1800
• Achim von Arnim
• Clemens Brentano
• Ludwig Uhland
Spätromantik
ca. bis 1830
• E. T. A. Hoffmann
• Joseph von Eichendorff
Romantik
Synästhesie, Gesamtkunstwerk
Märchen, Spiel im Spiel, Fragment
Volksdichtung, Mittelalterrenaissance, Geschichte, Kindheit
Ahnung, Traum, Emotion
spekulative Naturwissenschaft, Analogie
Musik = „romantischste aller Künste“, absolute Musik
Leere Natur (C. D. Friedrich, W. Turner)
Romantische Ironie
Widersprüche
Darstellungsproblem: Zeigen statt Sagen
Kunstreligion
Künstler als Seher
Absolutes

Zeitalter der Restauration (Biedermeier, Junges Deutschland, Vormärz, Frührealismus; 1815–48)

Wie man an der Fülle der Bezeichnungen sieht, existieren in der Zeit zwischen dem **Wiener Kongress 1815** und der **Märzrevolution 1848** verschiedene literarische Strömungen nebeneinander. Sie alle haben einen gemeinsamen Bezugspunkt, nämlich die Restaurationspolitik nach dem Wiener Kongress.

Märzrevolution 1848

1 Hintergründe

War während der Befreiungskriege gegen Napoleons Armeen die Hoffnung auf ein einheitliches Deutschland mit einer freiheitlicheren Grundordnung aufgekommen, zeigte sich nach dem Wiener Kongress, dass der Deutsche Bund nur ein loser Verbund von Fürstentümern war. Die deutschen Fürsten versuchten mit einem rigiden Überwachungsstaat, die absolutistische Ordnung des 18. Jahrhunderts wieder zu etablieren und ihre Macht zu sichern. Auf das Wartburgfest hin, wo die deutschen Burschenschaften unter den Farben Schwarz, Rot und Gold die deutsche Einheit propagierten, wurden 1819 die „Karlsbader Beschlüsse" in Kraft gesetzt, die die Freiheitsrechte deutlich einschränkten und einem Polizeistaat mit massiver Zensur Vorschub leisteten. Die Julirevolution in Paris 1830 nährte ebenso neue Hoffnungen wie die Überwindung der Rheinkrise und die Lockerung der Zensur nach der Thronbesteigung Friedrich Wilhelms IV. in Preußen 1840. Ihren Höhepunkt fanden die Freiheitsbestrebungen in der **Märzrevolution von 1848**, die einen einheitlichen demokratischen deutschen Staat anstrebte – und scheiterte.

Zugleich setzte in Deutschland allmählich die Industrialisierung ein. Die damit einhergehende wirtschaftliche Ausbeutung, aber auch die Steuern und Abgaben zur Finanzierung der enormen Staatsapparate erzeugten deutliche soziale Schieflagen, die z. B. zum Aufstand der schlesischen Weber führten; die Hungerunruhen wurden gewaltsam niedergeschlagen. Die Naturwissenschaften entwickelten sich an den reformierten Universitäten rasch, desgleichen etablierten sich die Geisteswissenschaften als akademische Disziplinen.

2 Interpretationsmodell Zeitalter der Restauration

Strömungen

Wie in kaum einer Epoche hängt die Literatur der Restaurationszeit von den politischen und gesellschaftlichen Verhältnissen ab. Es lassen sich zwei Reaktionen auf die zunehmende Einschränkung der Freiheiten ablesen:

Die eine ist Resignation und Rückzug ins Private, die mit dem Begriff **Biedermeier** umschrieben werden kann. Der Begriff wurde von Adolf Kußmaul und Ludwig Eichrodt 1854 eingeführt, die den Schulmeister „Weiland Gottlieb Biedermaier" als Karikatur des „deutschen Michel" erfanden. Literarische Vertreter sind Annette von Droste-Hülshoff, Franz Grillparzer, Eduard Mörike, Jeremias Gotthelf, Adalbert Stifter, Wilhelm Hauff, Viktor von Scheffel.

Die andere Reaktion ist ein Aufbegehren und politisches Agitieren; dies kann man in der Strömung **Junges Deutschland** zusammenfassen. Diese Bewegung bildete zunächst eigentlich keine Einheit, sondern war eher ein Konstrukt der Polizei, das 1835 in einem Beschluss der Bundesversammlung definiert wurde. Genannt wurden dort Heinrich Heine, Karl Gutzkow, Heinrich Laube, ergänzt werden könnten Ludwig Börne und Georg Büchner. Sie alle hatten in der Tat gemeinsame Ideale (Freiheitsrechte, Demokratie, Weltbürgertum, soziales Engagement, Emanzipation der Frau) und gemeinsame Feinde (Staat, Adel, Kirche).

Unter dem Begriff **Vormärz** schließlich lässt sich eine vermittelnde Position verstehen, die vor allem nach 1840 mit dem Aufleben neuer demokratischer Hoffnungen an Bedeutung gewann. Sie grenzte sich gegen den illusionären Liberalismus des Jungen Deutschland ab, teilte aber dessen wesentliche Ziele. Vertreter sind Georg Herwegh, Heinrich Hoffmann von Fallersleben, Ferdinand Freiligrath, Georg Weerth, aber auch Karl Marx oder Friedrich Engels. Viele von diesen mussten zeitweise ins Exil gehen.

Interpretationsmodell Zeitalter der Restauration

- Die Zeit der Restauration ist deutlich geprägt von politischer Verhärtung, **Einschränkung der Freiheitsrechte**, **Zensur**. Darauf reagiert die Literatur entweder durch politischen Protest (Junges Deutschland, Vormärz) oder durch Rückzug und Resignation (Biedermeier). Daher gewinnen auch private Zirkel und Vereine an Bedeutung (als Schutz- oder Rückzugsraum).
- Die Zeit ist geprägt von einer **rationalen Haltung**, die Gesellschaft und Natur vernünftig zu durchdringen und darzustellen trachtet. Sie orientiert sich am Diesseits und sucht die Dinge detailliert zu erfassen. Daher kann man diese Epoche auch als Frührealismus charakterisieren. Darin kehrt sie sich von der Romantik ab, hier beginnt sich der Positivismus (Orientierung an wissenschaftlichen Fakten) zu etablieren.

- Die Literatur dieser Zeit ist **antidogmatisch**. Sie tendiert zudem kaum zur Theoriebildung (im Gegensatz zu Klassik und Romantik).
- **Zeitschriften** und **Zeitungen** sind ein wesentliches literarisches Medium der Restaurationszeit. Daher dominieren eher kurze Formen (Lyrik, Novelle). Häufig besteht auch kein Anspruch auf einen hohen Stil, sondern eine Tendenz zu Volksnähe. Auf dem Theater ist vor allem das Volkslustspiel von Bedeutung, das seinen Ausgang von Wien her nimmt (J. Nestroy, F. Raimund).
- Das **Biedermeier** als die resignativere Strömung der Zeit vertritt eine eher pessimistische Weltsicht, die von der Philosophie der Stoiker geprägt ist:
  - Die politischen Verhältnisse werden hingenommen, es ist nur ein „Glück im Kleinen" möglich, das durch Seelenstärke und Entsagung, Zähmung der Leidenschaften und Unterordnung, Mitte und Maß zu erreichen ist.
  - In den Biedermeierzirkeln werden empirische Naturforschung und auch Geschichtsforschung gepflegt. Die Natur wird als harmonisches System im Gleichgewicht betrachtet, ist aber nicht mehr mit der Heilsdimension einer höheren Wesenheit aufgeladen wie in der Romantik. Das Sammeln von Naturalien wird gepflegt (vgl. Adalbert Stifters Novellenzyklus „Bunte Steine").
  - Kennzeichnend für das Biedermeier ist auch eine Tendenz zum Regionalen und zur Bindung an die Landschaft (A. Stifter: Österreich, A. v. Droste-Hülshoff: Westfalen, J. Gotthelf: Berner Land, E. Mörike: Schwaben).
- Das **Junge Deutschland** und der **Vormärz** stehen für eine engagierte Literatur, die auf eine Beseitigung der politischen und gesellschaftlichen Missstände abzielt:
  - Sie treten deutlich für Freiheitsrechte, Demokratie, Weltbürgertum, Emanzipation der Frau ein und bekämpfen soziale Ausbeutung, staatliche Willkür, Unterdrückung und Zensur.
  - Viele Vertreter waren politischer Verfolgung ausgesetzt und mussten zeitweise ins Exil gehen (z. B. Büchner, Heine, Börne, Herwegh, Freiligrath, Marx, Engels).
  - Kirchen und Religion werden als Teil des Unterdrückungsapparates wahrgenommen. Marx bezeichnet sie als „Opium des Volkes", das das Volk mit Jenseitshoffnungen ruhigstellt und über die herrschenden Verhältnisse hinwegtäuscht.

- Ebenso werden Klassik und Romantik als Strömungen weltferner Ideale und Fluchttendenzen kritisiert.
- Eine wichtige Gattung ist die politische Satire, die die Wirklichkeit ‚zur Kenntlichkeit entstellt' (E. Bloch).
- Ein wesentliches rhetorisches Mittel ist die Ironie, die einem Text neben der wörtlichen Bedeutung noch einen anderen, häufig gegenteiligen Sinn verleiht. Dieser zweite, eigentliche Sinn wird durch Ironie-Indikatoren für die „Gutwilligen" angedeutet. Dies ist ein wesentliches Verfahren, um die Zensur zu unterlaufen oder Darstellungen satirisch zu überspitzen.

3 Wichtige Vertreter und ihre Werke

Georg Büchner (* 17.10.1813 Goddelau, † 19.2.1837 Zürich)
Büchner ist einer der bedeutendsten Dramatiker der Epoche. Er wuchs in Darmstadt, der Hauptstadt des Fürstentums Hessen-Darmstadt, auf. Schon das Gymnasium vermittelte ihm ein großes literarisches Wissen, das sich in einigen Schulreden niederschlug. Büchners Vater war Arzt, und so studierte auch der Sohn Medizin, ab 1831 in Straßburg. Dort lernte er die gesellschaftlichen Verhältnisse jenseits der deutschen Provinz kennen und entwickelte – er hatte erste Kontakte zu republikanischen Studentenkreisen – eine deutliche Kritik an den deutschen Regierungen und an den sozialen Verhältnissen. Heimlich verlobte er sich mit Wilhelmine Jaeglé, der Tochter seines Zimmerwirts. 1833 wechselte er nach Gießen, um sein Studium abzuschließen, war aber auch immer wieder in Darmstadt. Hier wie dort wurde er Teil des Widerstandes, lernte Ludwig Weidig, den Kopf der Opposition im Untergrund, kennen, gründete eine Sektion der „Gesellschaft der Menschenrechte", war an einem Plan zur Befreiung politischer Gefangener beteiligt. Er verfasste den „Hessischen Landboten", eine Flugschrift, die von Weidig überarbeitet, heimlich gedruckt und verteilt wurde. Büchner sah die Geschichte als einen ewigen Kampf zwischen Begüterten und Besitzlosen an; eine echte Revolution habe hier anzusetzen; eine durchgreifende Neuordnung der sozialen Verhältnisse rechtfertige auch alle Gräuel einer Revolution. Im Elternhaus in Darmstadt verfasste Büchner sein Erstlingsdrama „Dantons Tod" (s. u.). Alsbald wurde die Lage für Büchner zu brenzlig, er floh nach Straßburg ins Exil. Dort hielt er sich mit Übersetzungsarbeiten über Wasser, studierte intensiv Philosophie und

schrieb die psychologische Studie über den Sturm-und-Drang-Dichter „Lenz“. 1836 schloss er eine anatomische Arbeit „Über das Nervensystem der Barbe“ ab, für die er auch immer wieder das Skalpell zur Hand nahm. Ende 1836 ging er nach Zürich und wurde nach erfolgreicher Probevorlesung über die Schädelnerven verschiedener Wirbeltiere Privatdozent an der Universität. Büchner verfasste in Zürich das Lustspiel „Leonce und Lena“ und das Drama „Woyzeck“. Letzteres blieb Fragment, denn Büchner starb 1837 an Typhus.

- **„Dantons Tod“** (1835): Das Drama in vier Akten nimmt die zwei Wochen vor der Hinrichtung Dantons (5. 4. 1794) in den Blick. Robespierre, Jakobiner und radikaler Doktrinär, treibt die gewaltsame Revolution auf die Spitze. Er lässt seinen moderater denkenden Gegner Danton verhaften (2. Akt), ihm den Prozess machen (3. Akt) und ihn schließlich hinrichten (4. Akt). Büchner zeigt dabei weniger das Geschehen als die Reflexion darüber. Robespierre handelt aus einem Idealismus im Namen der „Tugend“ heraus, mit dem er den Terror der Revolution rechtfertigt. Danton steht für den sinnlichen Genuss, er argumentiert eher materialistisch; auf der anderen Seite kennzeichnet ihn ein melancholischer Lebensüberdruss, ja Nihilismus, der ihn zu einem großen Zauderer macht. Das Volk als dritte Instanz wird als Verlierer der Revolution herausgestellt, weil es nichts an den Besitzverhältnissen ändert und von den Protagonisten durch Terror und Rhetorik betäubt wird. – Büchner montiert immer wieder Originalquellen in den Dramentext ein, zielt aber mit der Darstellung der Französischen Revolution und ihrer Defizite auf seine Gegenwart. Dabei formuliert er keine Thesen oder Forderungen, sondern liefert ein diagnostisches Tableau von Positionen.
- **„Woyzeck“** (1836/37): Im Mittelpunkt des Dramas steht der Soldat Woyzeck. Er bringt Marie, die er liebt, um, weil sie sich mit einem Tambour-Major eingelassen hat. Schließlich ertrinkt er (in einer frühen Fassung) bei der Suche nach dem Dolch, den er ins Wasser geworfen hat. Büchner geht von einem historischen Fall aus den 1820er-Jahren aus, den er genau kannte. Dabei interessierte ihn die Frage der Zurechenbarkeit: Woyzeck trägt deutliche Züge des Wahnsinns. Diesen Zustand zeigt Büchner als eine Konsequenz hilfloser Einsamkeit, die sich wiederum ergibt aus Armut – Woyzeck kann sich nicht einmal ein Nachtquartier leisten –, aus Unterdrückung durch Vorgesetzte und nicht zuletzt aus einem medizinischen Experi-

ment: Woyzeck ernährt sich unter der Aufsicht eines zynischen Doktors ein halbes Jahr lang nur von Erbsen. – Das Drama ist nur fragmentarisch überliefert. Es ist in seiner offenen Anlage, aber auch in Eindringlichkeit und Schroffheit der Darstellung ein großer Schritt in die Moderne und wurde im 20. Jahrhundert intensiv rezipiert.

- **„Lenz“** (1839): Die Erzählung schildert den Aufenthalt des Dichters Lenz beim Pfarrer Oberlin im Dorf Waldbach. Dort hatte sich der historische Lenz (s. S. 37) 1778 in der Tat mit deutlichen Anzeichen einer Psychose aufgehalten; Büchner hatte u. a. Oberlins Bericht in Abschrift vorliegen. Die Perspektive dramatisiert, indem sie sich immer wieder Lenz' Standpunkt nähert. Die Natur spiegelt seine Bewusstseins- und Angstzustände. Lenz versucht, durch Teilnahme am einfachen Dorfleben zur Ruhe zu kommen; letztlich gelingt es ihm nicht: „die Welt, die er hatte nutzen wollen, hatte einen ungeheuren Riss.“ In einem Gespräch formuliert Lenz zentrale ästhetische Grundsätze: das Postulat einer lebendigen Kunst jenseits aller Idealisierung, die er aber letztlich nicht in der Wirklichkeit umsetzen kann. Büchner verbindet dies mit einer deutlichen Sozialkritik und einer Kritik an der Religion als bloße Beruhigungsinstanz. Diese Kritik spiegelt sich auch in der fragmentarischen Form der Erzählung.

Annette von Droste-Hülshoff (* 10. 1. 1797 Schloss Hülshoff bei Münster, † 24. 5. 1848 Schloss Meersburg)
Die Droste stammte aus streng katholischem westfälischem Landadel. Erzogen auf dem elterlichen Schloss, erfuhr sie bald den ganzen Druck der Familie, die sich ihren Heiratsplänen widersetzte. Sie kränkelte ein Leben lang, lebte zurückgezogen auf dem Schloss, später im Rüschhaus, dem Witwensitz der Mutter. Bei Aufenthalten auf Schloss Meersburg am Bodensee lernte sie den um einiges jüngeren Dichter Levin Schücking kennen. Ihre Liebe zu ihm jedoch war eine unmögliche Beziehung, die schließlich zerbrach.

Annette von Droste-Hülshoff ist eine der bedeutendsten Lyrikerinnen des Biedermeier. Ihre „Haidebilder“ schildern die Natur realistisch-detailreich, aber auch stimmungsvoll, unheimlich etwa in der Ballade vom „Knaben im Moor“. Die Novelle „Die Judenbuche“, eine Kriminalerzählung, machte sie schon zu Lebzeiten bekannt.

- **„Die Judenbuche“** (1842): Die Kriminal-Novelle, zurückgehend auf einen wahren Fall, schildert nüchtern und distanziert den Fall Friedrich Mergels. Der Junge muss um seine Anerkennung kämpfen und gerät dabei unter schlechten Einfluss, der ihm zwar einen Ruf einbringt, ihn aber zum Verbrecher macht. Schließlich begeht er einen Mord an einem Juden, der ihn bloßgestellt hat. Nach langen Jahren kommt er als armseliger Krüppel unter falschem Namen ins Dorf zurück und erhängt sich schließlich an der Buche, an der er einst den Juden erschlagen hat. – Die Natur wird in dieser Novelle zur Chiffre für das natürliche Recht.

Ferdinand Freiligrath (* 17. 6. 1810 Detmold, † 18. 3. 1876 Cannstatt)
Freiligrath begann mit modisch-exotischer Lyrik und bediente damit das Bedürfnis nach Fernweh. Zunehmend wandte er sich in seinen immer politischer werdenden Gedichten gegen soziale Not. Als er ein Opfer der Zensur wurde, ging er ins Exil. Er beschwor die Revolution gegen Adel und Bürgertum gleichermaßen. Zur Revolution 1848 kehrte er zurück, engagierte sich bei den Kommunisten und verfasste als „Trompeter der Revolution" massenwirksame Agitationslyrik. Wieder musste er ins Exil, und sein Revolutionseifer verflog so gründlich, dass er 1867 zurückkehren konnte und in den Einheitsjubel des neuen Reiches einstimmte.

Jeremias Gotthelf (d. i. Albert Bitzius, * Murten 4. 10. 1797, † Lützelflüh 22. 10. 1854)
Gotthelf war ab 1832 Pfarrer in Lützelflüh. Ursprünglich eher liberal eingestellt, lehnte er die Religions- und Traditionskritik des Jungen Deutschland ab und vertrat mehr und mehr den Wert bäuerlicher Lebensformen mit den Idealen von Rechtschaffenheit, Fleiß und sozialer Verantwortung des Patriarchen (so etwa im Doppelroman „Uli der Knecht" und „Uli der Pächter"), bewusst als Gegenmodell zur industriellen Moderne. Er griff immer wieder volkstümliche Mythen auf.

- **„Die schwarze Spinne"** (1842): Eingebettet in die idyllische Rahmenhandlung einer Taufe auf einem reichen Emmentaler Bauernhof schildert die Novelle einen Teufelspakt. Christine hat dem Teufel ein ungetauftes Kind versprochen, damit das Dorf mit dessen Hilfe die unmenschliche Fronarbeit bewältigen kann. Als dem Teufel schließlich das Kind verweigert wird, verwandelt sich Christine in eine mordende Spinne, die von einem gottergebenen Weib unter dem Opfer ihres Lebens in einen Fensterpfosten gebannt wird. Diese didaktische Erzählung wird ergänzt durch eine zweite, die die Notwendigkeit warnender Erinnerung reflektiert: Leichtsinniges Gesinde lässt die Spinne zweihundert Jahre darauf wieder frei, und erst durch das Opfer des Bauernsohnes Christen kann sie endgültig eingesperrt werden.

Franz Grillparzer (* 15. 1. 1791 Wien, † 21. 1. 1872 ebd.)
Grillparzer wurde nach philosophischen und juristischen Studien Hauslehrer, machte dann Karriere an der Finanzhofkammer, deren Direktor er von 1832 bis 1856 war. Verheiratet war er nicht, aber endlos verlobt mit Kathi Fröhlich. Neben diesem völlig unspektakulären Leben – und Grillparzer empfand sich zeitlebens als Zerrissener – war er einer der bedeutendsten österreichischen Dramatiker. Er zog sich allerdings aus der Öffentlichkeit zurück, nachdem sein philosophisches Drama „Weh dem, der lügt!“ durchgefallen war. Er war, wenn man so will, ein rechter Revolutionär, der den Staat von oben durch Zensur und persönlich motivierte Machtpolitik gefährdet sah. Seine Position war jedoch nicht sozialkritisch, sondern Grillparzer betrachtete den Staat als überzeitliche Instanz, die er im Habsburger-Reich als überpersönlichem, wohltätigem und sakralem Staat verkörpert fand. Grillparzers großes Thema ist der Konflikt zwischen Individuum und Gesellschaft, den er ohne Aussicht auf Lösung und Ausgleich sieht und psychologisch scharf gestaltet; Maß und Grenze werden immer wieder thematisiert. In seiner Novelle „Der Arme Spielmann“ (1847) stellt er die Einsamkeit – Höhepunkt ist der Kuss des Protagonisten durch eine Glasscheibe – und das Scheitern einer absoluten Kunst dar. Sein Drama „Libussa“ konfrontiert Matriarchat und Patriarchat, „Ein Bruderzwist in Habsburg“ führt das Scheitern der Reichsidee exemplarisch vor.

Heinrich Heine (* 13. 12. 1797 Düsseldorf, † 17. 2. 1856 Paris)
Heine war ein Außenseiter, der sich nie einer Schule zugehörig fühlte. Als Sohn jüdischer Kaufleute wurde Harry Heine geboren, und in Hamburg machte er folgerichtig zunächst eine Kaufmannsausbildung. Es folgte ein Jurastudium in Bonn (dort hörte er A. W. Schlegel), Göttingen, Berlin (Kontakt zum romantischen Salon der Varnhagens). Nach dem Abschluss 1826 arbeitete er zeitweise als Journalist, vor allem reiste er viel (England, Italien). Ab 1831 war er als Korrespondent der Augsburger Allgemeinen Zeitung in Paris – und blieb dort.

In Deutschland war Heine nicht mehr gerne gesehen, 1835 wurden seine Schriften verboten. Er war ein politisch engagierter Kopf, der in seinen „Reisebildern“ (1826–1831) die Situation in Europa und Deutschland skeptisch schildert und bewertet; schon hier operiert er mit einem distanzierten, durchaus widersprüchlichen Erzähler und montiert verschiedene Gattungen zusammen. Er war ein unabhängiger spitzzüngiger Autor, gab nicht viel auf Religion (1825 konvertierte er umstandslos und aus Karrieregründen zum Protestantismus). In Paris lernte er die elende Situation der Arbeiterschicht kennen und hatte Kontakt zu Frühsozialisten. Mit „Deutschland – Ein Wintermärchen“ (1844) schrieb er eine scharfe sozialkritische Satire auf Preußen; das Buch wurde sofort verboten. Er distanzierte sich von der Romantik, die er für das französische Publikum porträtierte, aber auch von der deutschen Agitationslyrik, die er stilistisch unerträglich und zu bierernst-pathetisch fand. Heine war Sensualist, d. h., er wertete die Sinnengenüsse auf und erklärte die Teilhabe aller am Genuss zum Ziel der Revolution. Diese Revolution sei – so stellt Heine die deutsche Geistesgeschichte für französisches Publikum dar – von Luthers religiöser Revolution und der geistigen Revolution des deutschen Idealismus geistig vorbereitet worden; was fehle, sei nur noch die Tat.

Heine ist einer der bedeutendsten deutschsprachigen Lyriker: „Lyrisches Intermezzo“ (1823), „Buch der Lieder“ (1827), „Neue Gedichte“ (1844), „Romanzero“ (1851). Die thematische Breite ist groß, der typische Heine-Klang entsteht aus scheinbar einfachen Formen, die virtuos gehandhabt und immer wieder ironisch gebrochen werden. Zorn und Melancholie, die konträren Grundhaltungen der Epoche, halten sich gegenseitig in der Schwebe.

Heine erkrankte am Rückenmark, die letzten acht Jahre seines Lebens – ab 1848, dem Jahr der scheiternden Revolution – war er bettlägerig, litt Schmerzen und Lähmungen.

Georg Herwegh (* 31. 5. 1817 Stuttgart, † 7. 4. 1875 Baden-Baden)
Nach einer schweren Kindheit flüchtete Herwegh vor der drohenden Zwangsrekrutierung ins Schweizer Exil und schrieb dort politische Freiheitslyrik, die den Geist der Zeit traf. Trotz Verbot verbreiteten sich seine Schriften durch Schmuggel und machten ihn berühmt. Zu Geld gekommen, führte er im Pariser Exil ein großbürgerliches Leben, das vielen Anhängern missfiel.

August Heinrich Hoffmann von Fallersleben
(* 2. 4. 1798 Fallersleben, † 19. 1. 1874 Schloss Corvey/Westfalen)
Hoffmann von Fallersleben verstärkte die Stimmungen seiner Zeit. Neben populären Kinderliedern („Ein Männlein steht im Walde“) dichtete er 1841 auf Helgoland das Lied der Deutschen, heute ist die dritte Strophe Nationalhymne. Wegen seiner „Unpolitischen Gedichte“ (1842) verlor er seine Professur für deutsche Sprache und Literatur und musste sich auch nach der 48er-Revolution als Redakteur durchschlagen.

Eduard Mörike (* 8. 9. 1804 Ludwigsburg, † 4. 6. 1875 Stuttgart)
Mörike, Sohn eines Arztes, studierte ab 1822 am Tübinger Stift Theologie. Die Enge der Verhältnisse und wohl auch eine unglückliche Beziehung führten zu Mörikes skeptischer Grundhaltung, die in Natur und Psyche unhintergehbare Naturgesetze am Werk sah. Nach dem Abschluss 1826 musste er als Vikar Dienst tun. Er verfasste seinen Künstlerroman „Maler Nolten" (1832). 1834–1843 wurde er Pfarrer in Cleversulzbach. Er lehrte in Stuttgart bis 1866 deutsche Literatur. 1851 heiratete der pensionierte evangelische Pfarrer die Katholikin Margarethe von Speeth; die Ehe war unglücklich, und Mörike trennte sich 1873.

Mörikes Lyrik umfasst eine große Bandbreite, sowohl thematisch als auch in den Formen, in denen er sich immer wieder als großer Kenner der literarischen Tradition zeigt, und hat eine Tendenz zum Komischen: ironisch, sarkastisch-bitter, ja selbst Unsinnspoesie. Mörike schrieb Idyllen und Märchen (u. a. „Das Stuttgarter Hutzelmännlein", 1853), bedeutend ist seine Novelle „Mozart auf der Reise nach Prag" (1856).

Adalbert Stifter (* 23. 10. 1805 Oberplan / Böhmen, † 28. 1. 1868 Linz)
Stifter studierte Jura, Mathematik und Naturwissenschaften. Er verdiente sich seinen Lebensunterhalt mit sehr unterschiedlichen Tätigkeiten: als Hauslehrer und Redakteur, später als Schulrat und Konservator. Er starb nach einem Selbstmordversuch, in den ihn seine zunehmende Krankheit getrieben hatte.

Stifter stand den Neuerungen der Industrialisierung skeptisch gegenüber. Dennoch entwirft er in der Erzählung „Brigitta" (1847) eine Sozialutopie und ein Modell weiblicher Selbstbestimmung. In seinem Novellenzyklus „Bunte Steine" (1853) thematisiert er die Natur als eine elementare Gewalt, die immer wieder in den geordneten Bereich des Menschen einbricht. Diese Naturbetrachtung mildert er in seinem großen Roman „Der Nachsommer" ab (1857), bleibt aber bei der „geradezu pervers und raffiniert verborgenen Dämonie der Natur" (Walter Benjamin) als Teil einer umfassend dargestellten Weltordnung. Das Rosenhaus, in dem sich Jung und Alt treffen, ist hier ein Ort einer ländlichen Gesellschaft als humaner Gegenentwurf zur beginnenden Industrialisierung.

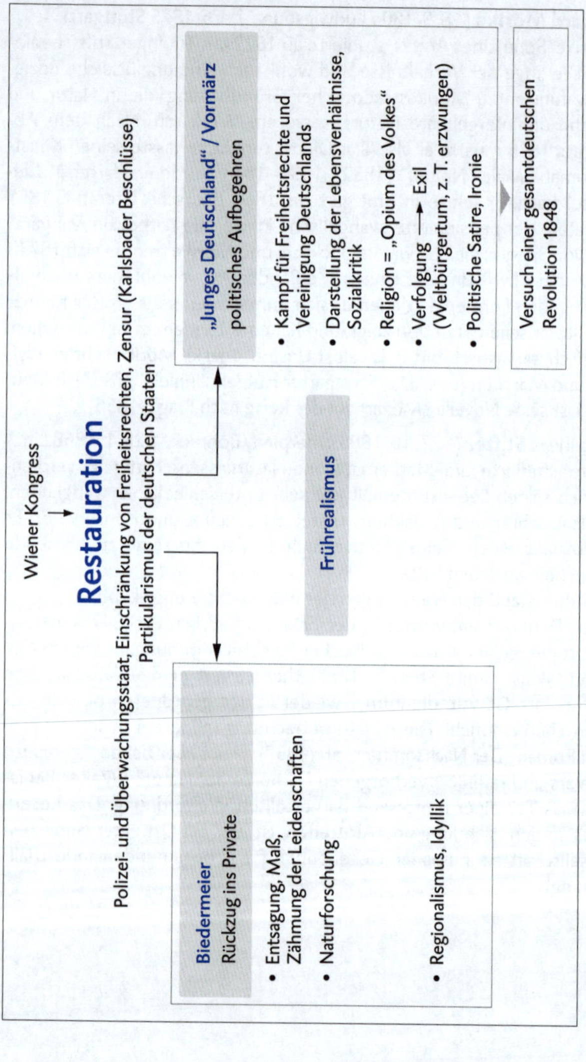
Wiener Kongress
Restauration
Polizei- und Überwachungsstaat, Einschränkung von Freiheitsrechten, Zensur (Karlsbader Beschlüsse)
Partikularismus der deutschen Staaten
Biedermeier
Rückzug ins Private
• Entsagung, Maß, Zähmung der Leidenschaften
• Naturforschung
• Regionalismus, Idyllik
Frührealismus
„Junges Deutschland" / Vormärz
politisches Aufbegehren
• Kampf für Freiheitsrechte und Vereinigung Deutschlands
• Darstellung der Lebensverhältnisse, Sozialkritik
• Religion = „Opium des Volkes"
• Verfolgung → Exil (Weltbürgertum, z. T. erzwungen)
• Politische Satire, Ironie
Versuch einer gesamtdeutschen Revolution 1848

Realismus

Realismus ist zunächst ein ästhetisches Grundkonzept von überzeitlicher Geltung. Die Antike kennt es unter dem Begriff der Mimesis, der Nachahmung; der Gegenbegriff ist die Poiesis, also das Erfinden. Realismus zielt in gewissem Sinne auf die Abbildung einer äußeren Realität ab, die sich gegen die „bloße“ Fantasie abgrenzt. Daneben aber meint Realismus in der mittelalterlichen Philosophie die tatsächliche Existenz von Allgemeinbegriffen – im Gegensatz zum Nominalismus, der Allgemeinbegriffe nur als Zusammenfassung von Objekten mit einer bestimmten Eigenschaft versteht. In diesem Sinne strebt jeder Realismus nicht ein bloßes Abbilden, sondern das Zeigen eines Wesentlichen an.

Der Realismus als Epoche erstreckte sich von 1848 bis in die 1880er-Jahre.

Berlin unter den Linden um 1900

1 Hintergründe

Politisch wurde die Zeit des Realismus geprägt durch das Scheitern der Revolution von 1848, das Rückzugstendenzen förderte, und durch die Einigung des Deutschen Reiches 1871 mit ihrer Aufbruchsstimmung. Österreich konzentrierte nach der Niederlage im Deutschen Krieg von 1866 seine Interessen verstärkt auf Südosteuropa. In Deutschland wandelte sich ein dominanter Nationalismus von einem nach innen gerichteten Einigungsideal zu einer nach außen gewendeten aggressiven Abgrenzungs- und Abwehrtendenz. Die von Bismarck militärisch erreichte Reichseinigung förderte einen zunehmenden Militarismus, der v.a. in Preußen die ganze Gesellschaft durchdrang. Der Militärdienst war – neben dem Staatsdienst – eines der Felder, auf dem sich der alte Adel gegen das aufstrebende Bürgertum zu behaupten suchte. Das Bürgertum wurde endgültig zur führenden Schicht: Befeuert durch den wirtschaftlichen Optimismus der Gründerzeit, definierte es den gesellschaftlichen Einfluss als Teilhabe am Kapital (Besitzbürgertum, Bourgeoisie) und als Teilhabe an Bildung (Bildungsbürgertum). Dem entsprach die Ausbildung einer breiten Lesekultur, eines florierenden Zeitschriftenwesens und der Prachtausgabe literarischer Werke als Statussymbol. Die Industrialisierung verschärfte – zunächst noch im Schatten der nationalen Frage – auf der anderen Seite die soziale Frage: Kleinbürgertum und Arbeiter lebten in bedrückenden materiellen, aber auch hygienischen Verhältnissen. Die industrielle Gesellschaft führte zu einer zunehmenden Verstädterung und weiter zu einem wachsenden Orientierungsbedarf in einer anonymer werdenden Gesellschaft.

In der **Philosophie** waren Positivismus und Empirismus prägend, die sich vor allem in England entwickelten (J. Bentham, J. S. Mill) und alle übersinnlichen Existenzformen ablehnten. Es etablierte sich der Utilitarismus, der moralisches Handeln als eine Förderung des größtmöglichen Glückes für alle bestimmt. Schopenhauer und Kierkegaard vertraten Ansätze einer Existenzphilosophie. Friedrich Nietzsche entwickelte auf Grundlage des Empirismus die Vorstellung von einem über sich hinausstrebenden „Übermenschen“ (s. u.). Prägend für den Naturalismus wurde die Ausweitung des Positivismus auf Geschichts- und Gesellschaftstheorie, etwa bei Hippolyte Taine, dessen Milieutheorie davon ausgeht, dass Rasse, Herkunft, soziales Milieu und historischer Zeitpunkt Mensch und Geschichte prägen.

Die **Wissenschaften** entwickelten sich rasant. Charles Darwin formulierte seine Abstammungslehre, die von Ernst Haeckel in Deutschland bekannt gemacht wurde. Die Theorie der Thermodynamik und der Elektrizität wurden ausgearbeitet. Die Chemie machte große Fortschritte. Die Geisteswissenschaften mit ihrem Ansatz historischer Forschung formierten sich. Nicht zuletzt entstand die Fotografie als neue Form der Wirklichkeitsabbildung.

2 Interpretationsmodell Realismus

- Dem Realismus als Epoche geht es um eine **Darstellung der unmittelbaren Lebenswelt**; weder flieht er aus ihr noch übt er explizit Kritik an ihr. Der Realismus bezieht sich auf die Wirklichkeit, aber nicht als Abbildung, sondern als Entwurf eines Ideals, eines Ideals bürgerlicher Tugenden.
- Seine tragende Schicht ist das **Bürgertum**, das eine Selbstbestätigung seiner gewachsenen gesellschaftlichen Bedeutung und seiner Tugenden (wie Fleiß, Ordnung, Pflichterfüllung, Entsagung, pragmatischer Realitätssinn) sucht. Immer wieder schwingt aber auch Kritik an deren rigider Durchsetzung mit.
- Gegenstände der realistischen Literatur sind vor allem Schilderungen des **bürgerlichen Milieus** mit seinen Errungenschaften (Stadt, Industrie, Technik, Verkehr) und seiner politischen und gesellschaftlichen Situation im Verhältnis zu anderen Schichten (v. a. dem Adel, aber auch den einfachen Leuten). Häufig steht eine Bildungs- und Aufstiegsgeschichte im Zentrum.
- Beliebt sind **historische Stoffe**, die häufig Modelle von Bürgerlichkeit im historischen Gewand entwerfen und damit einen überzeitlichen Geltungsanspruch bürgerlicher Normen verbürgen wollen. Eng damit verbunden ist das erstarkende Nationalbewusstsein, das sich im Konzept einer **Nationalliteratur** niederschlägt. Hier wird an einer Gründungsmythologie für das neue Kaiserreich gearbeitet. Ein regelrechter Kult um „**Klassiker**“, vor allem Goethe und Schiller, entsteht. Auf der anderen Seite zeitigt die Tendenz zur genauen Schilderung der Verhältnisse auch einen Regionalismus, der die **Heimat- und Mundartdichtung** aufwertet.

- Es entsteht ein großer **Literaturmarkt**. Er hat seine Voraussetzungen in einer Literalisierung der Bevölkerung, in einer Mechanisierung der Drucktechnik und Fortschritten in der Papierherstellung (ab 1844 aus Holz statt aus Lumpen) und in neuen Vertriebswegen (v. a. Eisenbahn). Es blühen Zeitungen und vor allem Familienzeitschriften (z. B. „Die Gartenlaube", „Über Land und Meer", „Illustrierte Chronik der Zeit"). Sog. Kolporteure verkaufen billige Volksausgaben an der Haustür. Auf der anderen Seite werden repräsentative Prachtausgaben gedruckt.
- Mit der Verbreitung der Leserschaft steigt auch der Bedarf an **Unterhaltungsliteratur** (spannende Abenteuergeschichten mit exotischer Kulisse, z. B. bei Karl May).
- Die zentralen Gattungen des Realismus sind **Roman** und **Novelle** bzw. Erzählung, mithin Prosa. Im Drama findet vor allem das bürgerliche Trauerspiel seine Fortführung, jetzt aber zunehmend als Kritik an der Verfestigung der bürgerlichen Normen (Fr. Hebbel). In der Lyrik dominiert die Erlebnislyrik als Darstellung psychologischer Kräfte, aber auch symbolische Dingdichtung (C. F. Meyer).
- Stilistisch ist der Realismus überwiegend gekennzeichnet durch einen **neutralen, mittleren Stil**. Meist wird eine geschlossene Handlungsoberfläche ohne Brüche gestaltet, in die ein Netz von symbolischen Querverweisen und Leitmotiven eingearbeitet ist, das sich erst bei genauem Lesen erschließt. Auch der **Humor** spielt eine besondere Rolle, er wird als Läuterung und **Verklärung** der tristen Wirklichkeit im Sinne einer Idealisierung verstanden.

3 Verhältnis zu anderen Epochen

Der Realismus grenzt sich gegen die Romantik ab, die als Wirklichkeitsflucht angesehen wird. Im Vergleich zum Frührealismus tritt die politische und soziale Kritik zunächst zurück und wird erst im Naturalismus wieder in den Vordergrund rücken. Literatur wird zum Medium des etablierten Bürgertums. Rückzugstendenzen wie im Biedermeier sind aber z. T. weiterhin zu beobachten. Die Vergangenheit wird vor allem unter politischen Gesichtspunkten gesehen, die Antike hat keine Vorbildfunktion wie noch in der Klassik. Das Bestreben, das Wesentliche abzubilden, verbindet den Realismus mit der Aufklärung.

4 Wichtige Vertreter und ihre Werke

Wilhelm Busch (* 15. 4. 1832 Wiedensahl, † 9. 1. 1908 Mechtshausen)
Maschinenbau hatte er versucht, bevor er 1851 auf die Kunstakademie ging. Als Maler jedoch konnte er nicht Fuß fassen, sehr wohl aber als Karikaturist und Erfinder der Bildergeschichte, die konsequent lakonisch angelegt ist: in der Stilisierung der Zeichnung ebenso wie in den Knittelversen. Seine Komik zieht er aus prägnant verfremdeten ironisierten Reimen und der Verzerrung der Körper im Bild, wo er mit fast schon filmischen Mitteln arbeitet. Das Dargestellte entsprach oft gar nicht der Norm: triebhaft-dämonische Kinder („Max und Moritz“ 1865), aggressive Tiergestalten („Hans Huckebein“ 1867), Kritik an Frömmelei („Die fromme Helene“ 1872) und an schwarzer Pädagogik („Plisch und Plum“ 1882). Busch ist Pessimist, er zeigt die Abgründe im Menschen, seine unveränderliche Schlechtigkeit. Buschs großer Erfolg bei allen Schichten erklärt sich wohl damit, dass diese Kritik des bürgerlichen Zeitalters im ironischen Gewand der Idylle daherkommt.

Friedrich Hebbel
(* 18. 3. 1813 Wesselburen/Dithmarschen, † 13. 12. 1863 Wien)
Hebbel stammte aus ärmlichsten Verhältnissen. Er war weitgehend Autodidakt. In Hamburg während des Studiums hatte er zwei uneheliche, frühverstorbene Kinder mit der Näherin Elise Lensing. Eine Reise nach Paris brachte ihn in Kontakt zu Heine. 1846 heiratete er in Wien die Schauspielerin Christine Enghaus, mit der er materiell sorgenfrei lebte. Nach der Revolution 1848/49 wandelte sich Hebbel zum Konservativen.

Hebbel ist der große Dramatiker des Realismus. In seinen Stücken stehen häufig Frauenfiguren im Mittelpunkt, die an egozentrischen, bisweilen dämonischen Männern scheitern (z. B. „Maria Magdalena“ 1843; „Agnes Bernauer“ 1851). Überwiegend wählt Hebbel historische oder mythologische Stoffe („Herodes und Mariamne“ 1850; „Nibelungen“-Trilogie 1861). Hebbel integriert soziale, historische und philosophische Elemente. Er vertritt einen „Pantragismus“, d. h., er ist der Überzeugung, dass der allgemeine Weltgeist sich zwar in einzelnen Erscheinungen manifestiere, dass aber der einzelne Mensch in seinem bewussten Handeln ihn nicht erfassen könne und zwangsläufig, schon aufgrund seiner individuellen Existenz, das Allgemeine verfehlen und scheitern müsse.

- **„Maria Magdalena“** (1843): Hebbel führt in diesem Stück das bürgerliche Trauerspiel (s. S. 24) fort; entscheidend ist für ihn aber nicht mehr der Konflikt zwischen bürgerlichen und adeligen Wertvorstellungen, sondern eine kritische Darstellung dieser bürgerlichen Werte. Die schwangere Klara wird von ihrem Liebhaber Leonhard sitzen gelassen, weil der eine bessere Partie vorzieht. Ihre Jugendliebe, ein Sekretär, weist sie zurück, weil er nicht der Vater ihres Kindes ist. Da ihr bigotter und tugendstrenger Vater, der Tischlermeister Anton, ihr gedroht hat, sich umzubringen, falls sie ihm Schande bereitet, sieht Klara keinen Ausweg mehr: Sie ertränkt sich von allen verlassen in einem Brunnen. Ihr Vater bleibt allein auf der Bühne zurück: „Ich verstehe die Welt nicht mehr.“

Theodor Fontane (* 30. 12. 1819 Neuruppin, † 20. 9. 1898 Berlin)
Fontane hatte hugenottische Wurzeln. Er machte eine Apothekerlehre, musste aber dann sein Geld mit journalistischer Arbeit verdienen. 1844 wurde er in den literarischen Sonntagsverein „Der Tunnel über der Spree“ aufgenommen, wo seine Balladen Anerkennung fanden. Ab 1850 war er politischer Korrespondent für den preußischen Staat und ging 1855 für drei Jahre nach London. Nach seiner Rückkehr veröffentlichte er ab 1862 seine „Wanderungen durch die Mark Brandenburg“, die nicht nur ein Reisefeuilleton sind, sondern durch die Auswahl der Orte auch eine historische Dimension haben. Fontane schrieb in dieser Zeit für die preußische Kreuzzeitung; in drei großen Kriegstagebüchern dokumentierte er den Verlauf der Einigungskriege. Nachdem er ab 1870 Theaterrezensent für die Vossische Zeitung war, wurde er 1876 für wenige Monate Sekretär der Akademie der Künste in Berlin. Danach lebte als freier Schriftsteller.

1878, mit fast 60, hatte er seinen Durchbruch als Schriftsteller mit dem Roman „Vor dem Sturm“. In rascher Folge entstanden weitere Romane und Novellen, die zum Teil noch historische Stoffe wählen („Schach von Wuthenow“ 1883). Weit überwiegend aber beschreibt Fontane in seinen Gesellschaftsromanen seine Gegenwart in sehr genauen Detailbeobachtungen. Seine Themen sind der Bedeutungsverlust des Landadels im industrialisierten Preußen, der preußische Militarismus mit seinem rigiden Ehrenkodex („Effi Briest“ 1895) und die Verhärtung von Standesgrenzen („Irrungen, Wirrungen“ 1888). Die neureiche Bourgeoisie mit ihren selbstgefälligen Kulturphrasen wird aufs Korn genommen („Frau Jenny Treibel“ 1892). Immer wieder werden Frauen als

Opfer einer männlich dominierten Gesellschaft gezeigt. Nicht zuletzt Berlin als wachsendes urbanes Zentrum des Reiches spielt eine wesentliche Rolle. In unaufgeregtem Ton diagnostiziert Fontane die gesellschaftlichen Um- und Missstände seiner Zeit. Auch in seinen späten Balladen greift Fontane Zeitthemen auf, so in „Herr Ribbeck auf Ribbeck im Havelland" (1889) oder in „Die Brück' am Tay" (1880) mit der Schilderung eines Eisenbahnunglücks.

- **„Effi Briest"** (1895): Die 17-jährige naive Effi Briest wird auf Betreiben ihrer Mutter mit dem mehr als zwanzig Jahre älteren Baron von Innstetten verheiratet. In dem langweiligen Landstädtchen Kessin, wo Innstetten Landrat ist, bekommt Effi eine Tochter. Verängstigt durch ein unheimliches Haus und vernachlässigt von ihrem Mann, geht die unbefriedigte und lebenslustige Frau eine Liaison mit dem Major Crampas ein. Nach Jahren – inzwischen lebt das Ehepaar in Berlin – findet Innstetten Crampas' Liebesbriefe. Nicht aus Rachsucht, sondern aus Rücksicht auf die sozialen Normen erschießt er Crampas im Duell und verstößt Effi. Sie muss ihre Tochter abgeben und allein leben. Effi, noch jung, stirbt nach einem Besuch bei ihrer Tochter, die ihr völlig entfremdet ist, auf dem elterlichen Gut. – Der Roman kritisiert den starren unzeitgemäßen Ehrenkodex, zeigt aber auch, wie Liebe als verbindende Kraft in einer auf Karriere und Ansehen fixierten Gesellschaft zerstört wird.

Gottfried Keller (* 19. 7. 1819 Zürich, † 15. 7. 1890 ebd.)
Aus kleinen Verhältnissen stammend wollte Keller zunächst Maler werden. Der Erfolg war bescheiden. Bald veröffentlichte er erste Gedichte. Stipendien ermöglichten ihm Studien in München, Heidelberg und schließlich Berlin. Er schrieb dort seinen großen Bildungsroman „Der grüne Heinrich" (1854/55). Finanziell war seine Lage weiterhin prekär, und da er keine Frau fand, neigte er zeitweise zum Bummelantentum. 1861 wurde er Stadtschreiber in Zürich, ein angesehener und lukrativer Posten. Keller, der schon mit der Revolution 1848 sympathisiert hatte und mit Exilanten verkehrte, engagierte sich in der Schweizer Bürgerschaft.

Neben seinem Roman gründet sich Kellers Bedeutung vor allem auf seinen Novellen, insbesondere auf seinen satirisch getönten Zyklus „Die Leute von Seldwyla" (1856), einem schweizerischen Schilda. Zu dem Zyklus gehören die folgenden beiden Novellen:

- **„Kleider machen Leute":** Der völlig mittellose Schneidergeselle Wenzel Strapinski wird für einen polnischen Grafen gehalten, weil der Zufall ihn in einem herrschaftlichen Wagen nach Goldach führt, dessen Bürger ihre Wünsche auf Wenzel projizieren. Dieser findet nicht den Mut, die Verwechslung aufzuklären – umso weniger, als sich die Richterstochter Nettchen in ihn verliebt. Diese findet ihn, nachdem er aufgeflogen und in den Schnee hinaus geflohen ist, und heiratet ihn allem Spott zum Trotz. Der oberflächlichen Welt des Scheins und Ansehens wird tatkräftige Liebe als Ideal entgegengesetzt.
- **„Romeo und Julia auf dem Dorfe":** Die Novelle schildert, wie zwei alteingesessene Bauern sich im Streit um ein Grundstück, das ihnen beiden nicht gehört, zugrunde richten. Dabei ist das Land vermutlich Eigentum des „schwarzen Geigers", eines Ausgestoßenen. Die Bauern zerstören nicht nur ihr Leben, sondern auch das ihrer Kinder Vrenchen und Sali. Die beiden lieben einander. Weil sie ihre Liebe aber nicht in der Gesellschaft leben können und nicht außerhalb der Gesellschaft leben wollen, wählen sie schließlich nach einem glücklichen Tag den gemeinsamen Freitod. Die bürgerliche Utopie von Sicherheit und Anerkennung wird in dieser Novelle auf ihre Grenzen und Abgründe hin befragt.

Conrad Ferdinand Meyer
(* 11.10.1825 Zürich, † 28.11.1898 Kilchberg)
Meyer stammte aus behüteten bürgerlichen Verhältnissen. Er litt unter Erwartungsdruck bis zur Depression. Eine Erbschaft ermöglichte ihm das Leben als Schriftsteller, seine Novellen brachten ihm Anerkennung. Sie haben überwiegend historische Stoffe, die Meyer als Spiegel eigenen Empfindens dienen. Seine Gedichte machten ihn berühmt. Sie bieten keine Erlebnislyrik, sondern verdichten die Aussage in Dingsymbolen und ihrer dichterischen Beschreibung.

Theodor Storm (* 14.9.1817 Husum, † 4.7.1888 Hademarschen)
Storm studierte Jura wie der Vater und arbeitete als Anwalt in Husum, legte sich mit den Dänen an und konnte erst nach 12 Jahren 1864 als Justizbeamter wieder nach Husum zurückkehren. Auch wenn er sich als Lyriker sah, verdankt er seine Bedeutung seinen Novellen. Er gestaltet die Überschaubarkeit der Provinz als Ort gegen die Entfremdung in einer zunehmend anonymisierten Gesellschaft. Dabei geht es nicht um Konservatismus und Idylle, sondern um die Utopie eines humanen Le-

bens, das sich durchaus liberal auch gegen Aberglaube oder patriarchalische Adelsherrschaft richtet. Manche Texte tragen deutlich desillusionierende Züge (z. B. „Hans und Heinz Kirch" 1882) und zeichnen sozialpsychologische Porträts.

- **„Der Schimmelreiter"** (1888): In einer doppelten Rahmenerzählung berichtet ein aufgeklärter Dorfschullehrer vom Ursprung der Volkssage von einem gespenstisch wiederkehrenden Schimmelreiter, der die Deiche bei Sturm schützt: Der ehrgeizige, aber mittellose Hauke Haien bringt es durch technischen Sachverstand und Hartnäckigkeit zum „Deichgrafen". Gegen die Widerstände im Dorf und gegen den Aberglauben gewinnt er mit einem neuen Deich dem Meer viel Land ab. Seine geistig behinderte Tochter nimmt er mit seiner Frau tapfer an. Weil er den Plan des Deiches auf Druck seines Gegenspielers abändert, kommt es zur Katastrophe, der Deich bricht, Haien und seine Familie kommen in der Flut um.

Richard Wagner (* 22. 5. 1813 Leipzig, † 13. 2. 1883 Venedig)
Wagner lässt sich so einfach keiner Epoche zuordnen. Nach dem Studium in Leipzig engagierte sich der seit 1843 als Kapellmeister in Dresden wirkende Wagner vehement in der 1848er-Revolution. Er musste ins Exil nach Zürich fliehen. Sein revolutionäres Engagement entsprang auch einer romantischen Idee der „Volksgenossenschaft", die er in „Das Kunstwerk der Zukunft" konzipiert. Sie verbindet sich mit einer Kritik an der bürgerlich-kapitalistischen Wertordnung, die deutlich irrationalistische Züge hat. Diesen gesellschaftskritischen Impuls verknüpft Wagner in seinen Musikdramen („Tristan und Isolde" 1859, „Die Meistersinger von Nürnberg" 1867, „Der Ring des Nibelungen" 1851–1874, „Parsifal" 1882) mit einem mythischen Ansatz; dazu greift er auf mittelalterliche Sagen zurück, die auf ihre anthropologischen und gesellschaftlichen Grundaussagen zurückgeführt werden. Wagner lernte 1864 König Ludwig II. von Bayern kennen, der ihn aller materiellen Sorgen enthob und ihm in Bayreuth den Bau eines Festspielhauses nach eigenen Plänen und nur zur Aufführung von Wagners Werken ermöglichte. Wagners emotionalisierendes Werk, seine zum Teil antisemitischen und rassenideologischen Äußerungen haben ihm eine fatale Wirkungsgeschichte im Nationalsozialismus beschert.

Der Realismus

Erscheinungen der Literatur

mittleres Stilniveau, nüchterne Schilderung

Stoffe:

- Nationalliteratur, Klassiker
- Darstellung der Gesellschaft (Strukturen, Macht über das Individuum)
- bürgerliche Milieus, Heimat, Mundart

↓

Bürgertum als kulturtragende Schicht

Institutionen:

- Unterhaltungsliteratur
- Literalisierung
- Zeitschriften
- Volksausgaben

↓

Literarischer Markt

Tiefendimension
Analyse der Wirklichkeit

- Kritik am Ideal
- Tiefenschicht:
  - Humor
  - Motivik
  - Symbolik

- Wissenschaften, Positivismus
- Resignation nach 1848
- Einigung des deutschen Reiches „mit Blut und Eisen“ → Optimismus der Gründerzeit, Militarismus, Historismus

Aufbruch in die Moderne: Literatur um 1900

Um 1900 fächern die geistesgeschichtlichen Strömungen auf. Auf der einen Seite spitzt sich der Realismus zum Naturalismus zu, der die Lebensverhältnisse abbilden möchte. Auf der anderen Seite stellt eine Gegenbewegung die Innerlichkeit des Subjekts ins Zentrum. Beide Strömungen reagieren auf ein zunehmendes Krisenbewusstsein.

Gustav Klimt: Nuda Veritas (1902; Ausschnitt)

1 Hintergründe

Nach der Gründung des deutschen Reiches aus „Blut und Eisen" versuchte Deutschland, das sich als „verspätete Nation" sah, Anschluss an die europäischen Großmächte zu finden. Nationales Prestigedenken schlug sich nieder im deutschen Kolonialismus und im Militarismus: Das Militär hatte nicht nur höchstes Ansehen, auch in Paraden und Uniformkult prägte es den Alltag. Die Gesellschaft des wilhelminischen Reichs war, einiger demokratischer Reformen ungeachtet, streng hierarchisch und von einem dominanten Ehrgefühl bestimmt.

Die Industrialisierung entwickelte sich rasant und bestärkte das Selbstbewusstsein des neureichen Besitzbürgertums.

Die Tendenzen des 19. Jahrhunderts zu Säkularisierung und Positivismus verstärkten sich. Einhergehend mit dem Darwinismus und seiner Übertragung in den Sozialdarwinismus, mit der Verschärfung der sozialen Frage, mit der Revolution der klassischen Physik, die mit Max Plancks Quantentheorie (1901) und Albert Einsteins Relativitätstheorie (1905, 1916) aus den Angeln gehoben wurde, sowie mit der Entstehung der Psychoanalyse, die die Selbstbestimmtheit des Menschen grundlegend infrage stellt, manifestierte sich ein deutliches Krisenbewusstsein.

In Kunst und Kunsthandwerk dominierte der Historismus, insbesondere neogotische und „altdeutsche" Stilelemente prägten Mobiliar und Einrichtung. Als Gegenströmung entstand der Jugendstil mit seinen aufwendigen floralen Formen, der sich als moderne Gegenbewegung zum Historismus verstand, gleichwohl aber ebenfalls das Bedürfnis nach bürgerlicher Repräsentation bediente.

Aus dem grundlegenden Krisenbewusstsein ergaben sich zwei gegenläufige Tendenzen: Der **Naturalismus** orientiert sich nach außen an der Welt der Fakten. Auf der anderen Seite geht der Weg nach innen, ins erlebende Subjekt, das quasireligiös aufgeladen wird und seinen Ort in der reinen Kunst haben soll (**Impressionismus**, **Symbolismus**).

2 Interpretationsmodell Naturalismus

- Der Naturalismus radikalisiert den Realismus. Nicht Verklärung, sondern möglichst **unverstelltes Abbild** der Realitäten ist das Ziel. „Die Kunst hat die Tendenz, wieder Natur zu sein." (Arno Holz, 1863–1929). Daraus folge: „Kunst = Natur – x", wobei x die Perspektivität und Unvollkommenheiten des Autors meint.
- Der Naturalismus konzentriert sich vor allem auf die alltäglichen, sozialen und politischen Bedingungen. Hintergrund ist Taines **Milieutheorie** (s. o.), die zunächst in Frankreich Émile Zola beeinflusst. In der russischen Literatur kommt eine genaue Psychologisierung in der Darstellung hinzu (Dostojewski, Tolstoj). Literatur wird im Anschluss an Zola zum Gedankenexperiment.
- Diese Perspektive hat eine **sozialkritische und antibürgerliche Stoßrichtung**. Der Naturalismus ist eine Jugendbewegung, seine Vertreter – neben Arno Holz sind dies Johannes Schlaf (1862–1941) und Gerhart Hauptmann (s. u.) – treten mit einem Pathos der Wahrhaftigkeit auf.
- Inhaltlich erschließt der Naturalismus **neue** literarische **Stoffbereiche:** Dargestellt werden das Hässliche, Elend und Not, Krankhaftes, weiter die Großstadt als ein feindlicher Lebensraum (vgl. Heinrich Zille in der Malerei). Darin weist die Epoche auf den Expressionismus voraus.
- Der Naturalismus beschreibt diese Phänomene äußerst detailliert, im sog. „**Sekundenstil**" soll jedes kleinste Detail quasi in Zeitlupe wiedergegeben werden. Dies gilt auch für die Sprache: Dialekt und Umgangssprache halten Einzug in die Literatur.
- Die „Prosalyrik" des Naturalismus orientiert sich nur am Sprechrhythmus.

Wichtige Vertreter und ihre Werke

Gerhart Hauptmann

(* Ober-Salzbrunn 15. 11. 1862, † 6. 6. 1946 Agnetendorf)
Aus kleinen Verhältnissen stammend, versuchte sich Hauptmann zunächst als Landwirt und Bildhauer, ehe er 1885 die reiche Marie Thienemann heiratete. Fortan konnte er in Berlin ein fast großbürgerliches Leben als freier Schriftsteller führen. Er startete mit literarischen Skan-

dalen, seine ersten Dramen „Vor Sonnenaufgang“ (1889) und „Die Weber“ (1893) lösten Prozesse aus. Hauptmann galt von da an als Repräsentant einer sozialkritischen Linken, obwohl er sich selbst nicht als politischer Dichter verstand. Er etablierte sich und erhielt 1912 den Nobelpreis für Literatur. Avancen der Mächtigen in der Zeit des Dritten Reiches – er war zeitweise sogar als Reichspräsident im Gespräch – ließ er sich gefallen, blieb aber kritisch.

- **„Die Weber“** (1892): Stoff ist der Aufstand der Weber in Schlesien im Jahr 1844. Das Drama stellt die Geschehnisse zwar in fünf Akten, aber doch in offener Form dar: Die ersten beiden Akte zeigen die Ausbeutung der Weber durch den Fabrikanten Dreißiger und das konkrete Elend in einer betroffenen Familie. Im dritten und vierten Akt wächst der Unmut weiter an, macht sich im aggressiven Weberlied Luft und führt zum Aufstand. Der fünfte Akt reflektiert das Geschehen resignativ aus Sicht der Weberfamilie Hilse. Obschon das Drama keine explizite Stellungnahme enthält, wurde es als deutlich sozialkritisches Stück wahrgenommen. Hauptmann bemühte sich, der „Wahrheit“ durch eine differenzierte Figurensprache (Idiolekt, Soziolekt) nahezukommen. Erstmals bildete kein individueller Held, sondern eine soziale Gruppierung den Handlungsträger.

3 Interpretationsmodell Symbolismus und Impressionismus

Der **Symbolismus** entstand ursprünglich in Frankreich Mitte des 19. Jahrhunderts. Er ging aus von der Idee einer reinen, sich selbst genügenden Kunst, einer absoluten Dichtung („l'art pour l'art“, Kunst nur um der Kunst willen). Sie soll der realen Welt eine neue, symbolische Welt in der Kunst entgegensetzen. Getragen wurde die Strömung von einer (groß)bürgerlichen Bohème, die sich in Kaffeehäusern selbst feierte. Die Dichtungen des Symbolismus sind hermetisch, d. h. bewusst schwer zugänglich und rätselhaft, stellen Klanglichkeit und Synästhesien in den Vordergrund. Der Symbolismus speiste sich aus der Romantik, aber auch aus der Ästhetik Platons. Er hat eine Tendenz zur Flucht in eine idealisierte Gegenwelt (Eskapismus), die der Realität eine Utopie entgegenhält.

Der **Impressionismus** hebt die Wahrnehmung des Subjekts hervor, die mit großer Sensibilität fürs Detail dargestellt wird. Wie in der Malerei, vor allem im Pointilismus (ein Bild setzt sich aus vielen einzelnen Farbpunkten zusammen), wird die Wirklichkeit in Wahrnehmungsatome aufgefächert. Die Dinge werden entmaterialisiert und als Wahrgenommenes in ihrem Erlebniswert für das Subjekt gezeigt. Der Impressionismus interessiert sich wenig für Begrifflichkeit, Geschichte, Sozialkritik und auch nicht für Handlung. Typisch ist der Reihungsstil, der einzelne Eindrücke nebeneinanderstellt.

Symbolismus und Impressionismus sind in Vielem deckungsgleich. Daneben werden für diese Strömungen die Begriffe Neu- oder **Neoromantik** (Verweis auf eine Traditionslinie) oder **Jugendstil** (Verweis auf ähnliche Tendenzen in der Alltagskunst) verwendet; einschlägig sind auch die Bezeichnungen **Fin de siècle** (Ende des Jahrhunderts als gefühlte Zeitenwende) und **Décadence** (Stimmung des Lebensüberdrusses und der Genusssucht).

Zentren dieser beiden Strömungen waren vor allem München und Wien. In Wien legten der Erkenntnistheoretiker Ernst Mach (Auflösung der Welt in Sinnesdaten) und der Arzt Sigmund Freud, der Vater der Psychoanalyse, die geistigen Grundlagen der Zeit. In Wien schrieben auch Hugo von Hofmannsthal, Arthur Schnitzler und Karl Kraus. In München lebten Christian Morgenstern, Joachim Ringelnatz (bürgerlich Hans Bötticher) und Frank Wedekind.

Daneben steht eine Tendenz zum Regionalismus, zu volkstümlicher Dichtung und Heimatkunst (Ludwig Thoma, Ludwig Ganghofer).

Wichtige Vertreter und ihre Werke

Stefan George (* 12. 7. 1868 Bingen, † 4. 12. 1933 Locarno)
George polarisierte schon zu Lebzeiten; zwischen Jüngern und Verächtern gab es nicht viel. George übersetzte aus vielen Sprachen. Sein Vermögen als Weingutserbe ermöglichte ihm ein Leben ohne Brotberuf, sodass er sich zum reinen Künstler stilisieren konnte. Seine charismatische Persönlichkeit versammelte Anhänger um sich, er verstand seine Dichtung auch als Lehrbuch für andere aus seinem „Kreis“ und inszenierte sich als „Meister“. Sein Prinzip war das von den französischen Symbolisten übernommene l'art pour l'art, das Ideal der reinen Schönheit, von George umstandslos mit Moralität gleichgesetzt und mit pseudoreligiösem Pathos aufgeladen.

Hugo von Hofmannsthal
(* 1. 2. 1874 Wien, † 15. 7. 1929 Rodaun bei Wien)
Schon der Gymnasiast veröffentlichte erste Gedichte und verkehrte in den Kaffeehauskreisen des „Jungen Wien". In seiner frühen Lyrik knüpft Hofmannsthal an die Romantik an. Schließlich verwarf er eine Universitätskarriere zugunsten des Schriftstellerberufes (1901). Zugleich wandte er sich vom Ästhetizismus des Jugendstils ab. Im sog. Chandos-Brief (1902) schildert Hofmannsthal einerseits exemplarisch die Sprachkrise der Moderne; auf der anderen Seite bindet er sie an die Ahnung einer höheren Einheit. In der Zusammenarbeit mit Richard Strauss entstanden Opernlibretti nach zumeist antiken Stoffen („Elektra" 1908, „Ariadne auf Naxos" 1912, „Der Rosenkavalier" 1911). Im Mysterienspiel „Jedermann" (1911) zeigt Hofmannsthal eine moralische Allegorie des sterblichen Menschen. Dieses Drama wird alljährlich bei den Salzburger Festspielen aufgeführt, die 1921 von Hofmannsthal, Max Reinhardt und Richard Strauss begründet wurden.

Christian Morgenstern (* 6. 5. 1871 München, † 31. 3. 1914 Meran)
Morgenstern stammte aus einer Dynastie von Landschaftsmalern. Ohne ein Studium abgeschlossen zu haben, hielt er sich als freier Autor und Journalist über Wasser (u. a. Übersetzung der Gesamtausgabe Ibsens). Morgenstern litt früh an Tuberkulose und führte ein unstetes Leben, meist in Kurorten. Seine „Galgenlieder" (1905/08) und seine „Palmström"-Gedichte (1910/12) machten ihn bekannt. Morgenstern treibt darin in absurder Komik die Sprache an ihre Grenzen und reflektiert sie.

Friedrich Nietzsche (* 15. 10. 1844 Röcken, † 25. 8. 1900 Weimar)
Im bürgerlichen Leben war Nietzsche Professor für Klassische Philologie in Basel. Der Philosoph Nietzsche vertritt eine skeptische Kulturtheorie. „Die Geburt der Tragödie aus dem Geiste der Musik" entwickelt unter dem Einfluss der Kunst Richard Wagners den Gegensatz von Apollinischem (Form, Klarheit) und Dionysischem (Rausch, Dynamik). War Nietzsche zunächst nihilistisch von der Sinnleere der Welt überzeugt (z. B. „Die fröhliche Wissenschaft" 1882), so entwickelte er eine Lebensphilosophie, die von einer strikten Perspektivität aller Erkenntnis ausgeht und Religion und Metaphysik materialistisch und triebpsychologisch als Verschleierung von Machtinteressen kritisiert („Also sprach Zarathustra" 1883–85, „Jenseits von Gut und Böse" 1886). Nietzsche schreibt – und dies macht einen Gutteil seiner ungeheuren Wirkung aus

– als virtuoser Essayist und glänzender Stilist, in der Regel in kurzen Aphorismen und Fragmenten. 1889 brach eine psychische Erkrankung aus. Die Nazis – unter Vorarbeit von Nietzsches Schwester, die seine Werke eher entstellte als herausgab – missbrauchten seine Philosophie. Lebensphilosophie, Expressionismus, aber auch bürgerliche Skeptiker wie Thomas Mann oder die Postmoderne beriefen sich auf ihn.

Rainer Maria Rilke (* 4. 12. 1875 Prag, † 29. 12. 1926 Valmont)
Nach einer Kindheit, die durch die Erwartungshaltung der Mutter bestimmt wurde, dem Schock über den Drill an den Militärschulen und abgebrochenen Studien entschloss Rilke sich zum Leben als freier Autor. Kurz war er verheiratet, er lebte unstet, oft als Gast von Gönnern oder Hotels. Er war Privatsekretär des Bildhauers Auguste Rodin. Beziehungen hielten nur kurz. – In den frühen Gedichten, dem „Stunden-Buch“ (1905) und vor allem den „Neuen Gedichten“ (1907), gestaltet er Dinggedichte wie „Römische Fontäne“ oder „Der Panther“, die Dinge mit unbestimmter Bedeutung und Sehnsucht nach Eigentlichkeit und tieferer Sinnhaftigkeit aufladen. Der Lyriker Rilke hatte seinen Durchbruch mit seinem einzigen Roman, „Die Aufzeichnungen des Malte Laurids Brigge“ (1910), in dem er in der Form des Bewusstseinsstromes dem Schock, der Reizüberflutung, der Angst und der Vereinsamung der Individuen in der modernen Großstadt sensibel nachspürt. Rilke fiel danach in eine große Schaffenskrise, und die 1912 begonnenen „Duineser Elegien“ wie auch die „Sonette an Orpheus“ vollendete er erst 1923. Sie kreisen in dunkler Sprache um Vergänglichkeit und Fremdheit, um Liebe und verletzte Subjektivität und die Frage, wie in der Moderne ein individueller und übergreifender Sinn in der Kunst überhaupt noch denkbar sein kann.

Arthur Schnitzler (* 15. 5. 1862 Wien, † 21. 10. 1931 ebd.)
Schnitzler, Sohn eines jüdischen Medizinprofessors, war ebenfalls Arzt. Als solcher vertrat er einen strikten Determinismus, was ihn nicht hinderte, die Rede vom freien Willen als sinnvolle Umschreibung zu akzeptieren und dem Liberalismus anzuhängen. Früh kam er mit Freuds Psychoanalyse in Kontakt. Der Schriftsteller Schnitzler, Teil der Bewegung „Junges Wien“, betrachtete Literatur als Diagnosemedium: In erster Linie interessieren ihn psychische Prozesse, Verdrängungen, Wünsche, Träume („Traumnovelle“ 1925), die er teilweise in Form eines durchgehenden inneren Monologs darstellt (z. B. in der Novelle „Lieutenant Gustl“ 1900). Im „Reigen“ (1903) brachte er erotische Abhängigkeiten

und die sexuelle Doppelmoral der Gesellschaft so offen auf die Bühne, dass das Stück mehrmals verboten wurde. Aber auch soziale Not, das Großstadtmilieu und den aggressiver werdenden Antisemitismus („Professor Bernhardi" 1912) stellt er im Drama dar.

- **„Traumnovelle"** (1926): Die Novelle kreist – deutlich von Sigmund Freud beeinflusst – um heimliche Sehnsüchte und Wünsche: Der Arzt Fridolin und seine Frau Albertine, äußerlich glücklich verheiratet, berichten einander nach einem Urlaub von heimlichen Sehnsüchten, die zeigen, dass beide unzufrieden mit ihrer Situation sind. Fridolin schleicht sich in der folgenden Nacht nach einem missglückten Besuch bei einer Prostituierten in eine Orgie einer geheimen Gesellschaft ein; er verliebt sich in eine unbekannte Maskierte, wird aber als Eindringling enttarnt und entgeht dem Tod nur dadurch, dass die Maskierte sich für ihn opfert. Zurück zu Hause beichtet er seiner Frau, die ihm wiederum von einem Traum erzählt, in dem er für seine Treue zu ihr ausgepeitscht wird. Fridolins Nachforschungen nach dem möglichen Verbleib der Maskierten verlaufen im Sande. Die „Wirklichkeit einer Nacht", das ist Albertines Fazit, ja „nicht einmal die eines ganzen Menschenlebens" bedeute „auch seine innerste Wahrheit".

Robert Walser (* 15. 4. 1878 Biel, † 25. 12. 1956 Herisau)
Der Schweizer Walser kam aus kleinen Verhältnissen. Ohne höhere Ausbildung schlug er sich mit Gelegenheitsarbeiten aller Art durch. 1905 ging er voller Zuversicht nach Berlin. Dort schrieb er Romane, drei wurden veröffentlicht, Erfolg hatte keiner. Walser verweigerte sich den Moden; sein Schreiben war stark autobiografisch („Der Gehülfe" 1908), was sich vielleicht auch als Versuch einer Selbstbewahrung und Selbstversicherung verstehen lässt. Er lebte mehr schlecht als recht von kleinen Prosa-Arbeiten für Zeitungen und Zeitschriften. 1913 ging er nach Biel zur Schwester, 1921 nach Bern. Voller Unruhe wechselte er ständig Wohnung und Stellung. 1929 ließ er sich in eine Heilanstalt einweisen, in der er bis zu seinem Tod verblieb.

Zwischen den Epochen

Hermann Hesse (* 2. 7. 1877 Calw, † 9. 8. 1962 Montagnola)
Hesse wuchs in einem überstrengen pietistischen Elternhaus auf. Den für ihn traumatischen Erfahrungen dort und im Kloster Maulbronn entzog er sich durch Flucht. Die individuelle Auflehnung und die psychologische Identitätsbildung, die Reflexion von Unterdrückung, verbunden mit einem zivilisationskritischen Pathos der Natur – das sind die Themen Hesses, die nicht nur seine persönliche Erfahrung widerspiegelten, sondern auch den Zeitgeist trafen. Sein Erstling „Peter Camenzind" (1904) machte ihn über Nacht berühmt, sodass der Buchhändler und Antiquar fortan als freier Schriftsteller leben konnte. Nach einer Zeit in Gaienhofen am Bodensee übersiedelte er in die Schweiz (Bern 1912, Montagnola 1919). Er, der sich 1914 noch freiwillig zum Kriegsdienst gemeldet hatte, wandelte sich durch die Kriegserfahrung zum entschiedenen Pazifisten; in den 1920er-Jahren begann er, jährlich ca. 1 000 Briefe an junge Deutsche zu schreiben, um auf sie einzuwirken. Von fernöstlicher Philosophie und Psychoanalyse beeinflusst, wurden Selbstfindung, Ausgleich von Sinnlichkeit und Geist und Askese seine großen Themen („Demian" 1919, Siddhartha" 1922, „Der Steppenwolf" 1927, „Narziß und Goldmund" 1929/30), die auch seine große Wirkung in den Protestbewegungen der 1960er- und 1970er-Jahre begründeten. Sein letztes großes Werk, „Das Glasperlenspiel" (1943), reflektiert die Möglichkeit einer asketisch-mönchischen Lebensweise zur Bewältigung der Daseinsherausforderungen. 1946 erhielt Hesse den Nobelpreis für Literatur.

- **„Der Steppenwolf"** (1927): Im Zentrum dieses zeittypischen, zivilisationskritischen Romans steht der Ich-Erzähler Harry Haller, ein Gelehrter, der sich völlig von seiner kleinbürgerlichen Umwelt entfremdet hat. Die innere Zerrissenheit und die gleichzeitige Selbstverkennung überwindet er im zweiten Teil durch eine Auseinandersetzung mit seinen inneren Bildern, die Hesse als psychologische Archetypen und als gesellschaftliche Diagnosefiguren gestaltet. Es gelingt Harry durch Humor, die imperfekte Welt und sein unvollkommenes Ich zu bejahen und sich als Künstler weiterzuentwickeln.

Heinrich Mann (* 27. 3. 1871 Lübeck, † 12. 3. 1950 Santa Monica)
Gymnasium und Ausbildung brach er ab, lebte dann ab 1892 als freier Schriftsteller teils in München, teils in Italien. In seinen Romanen „Professor Unrat" (1905, verfilmt 1930) und „Der Untertan" (1914) übt er beißende Kritik an der Scheinmoral des Kleinbürgertums wie an der Obrigkeitsgläubigkeit im Kaiserreich. Als überzeugter Demokrat und Linker geriet er in Opposition zu seinem jüngeren Bruder Thomas. Mit der Machtergreifung der Nazis musste Heinrich Mann fliehen und ging ins Exil, zunächst nach Frankreich, wo er sich aktiv um den Zusammenhalt der Exilanten und den Widerstand bemühte. In dieser Zeit entstanden seine beiden Romane über den König Henri Quatre (1935 u. 1938), den er als historisches Gegenmodell eines guten Herrschers, als Verteidiger von Humanität und Toleranz und Utopisten eines Völkerbundes entwirft. Mann lebte zunehmend vereinsamt in Kalifornien. 1949 berief ihn die DDR zum Präsidenten der Deutschen Akademie der Künste, doch starb er 1950 noch vor der Rückkehr.

Thomas Mann (* 6. 6. 1875 Lübeck, † 12. 8. 1955 Zürich)
Thomas Mann entstammte großbürgerlichem Hause. Erst nach dem Tod des Vaters, der für seinen Sohn nach zwei wiederholten Klassen und mittlerer Reife einen bürgerlichen Beruf – Volontär bei einer Feuerversicherung in München – vorsah, konnte er seinen literarischen Neigungen nachgehen. Mit den „Buddenbrooks" (1901) wurde Mann berühmt. Er erhielt Zugang zu großbürgerlichen Kreisen und heiratete Katja Pringsheim, Tochter eines jüdischen Mathematikers und Mäzens. Seine Erzählungen kreisen immer wieder um das Verhältnis von Bürgerlichkeit zu Künstlerdasein, von Ordnung, Tradition und Geist zu Leben, Verführung, Erotik. Mann begann früh, seine innere Unsicherheit und Gefährdung, auch seine homoerotischen Neigungen durch einen Panzer von bürgerlicher Repräsentation und äußerer Strenge zu stabilisieren. Typisch für sein Schreiben ist die Ironie, mit der er Ansichten hinterfragt, relativiert und eine Position des Dazwischen bezieht.

Während des Ersten Weltkriegs nahm Mann eine konservative, antidemokratische Haltung ein („Betrachtungen eines Unpolitischen" 1918), die zum Zerwürfnis mit seinem Bruder Heinrich führte. Gleichwohl neigte er bereits in dieser Zeit liberaleren Positionen zu. Der Roman „Der Zauberberg" (1924) zeigt ein großes Panorama der Vorkriegsgesellschaft. Mit dem Nobelpreis 1929 wurde Thomas Mann zum Repräsentanten Deutschlands – obwohl er immer mehr das Weltbürgertum betonte.

1933 überraschte ihn die Machtergreifung der Nazis, von einer Lesereise im Ausland kehrte er nicht zurück, sondern ging in die Schweiz, direkt ins Exil. Nach seiner Ausbürgerung 1936 waren 1938 die USA sein Ziel, 1944 nahm er die amerikanische Staatsbürgerschaft an. Er lebte, im Gegensatz zu vielen anderen Exilanten, ohne materielle Not, half anderen Exilanten und setzte sich kritisch mit dem Nationalsozialismus auseinander. Zugleich versuchte er, ein besseres Deutschland zu bewahren. Dazu griff er auf den Mythos zurück, zunächst auf die biblische Tradition („Joseph und seine Brüder" 1933–43), dann auf die Faustsage („Doktor Faustus" 1947), um daran die Ambivalenzen der deutschen Traditionen (Umsturz von Kultur in Barbarei) zu reflektieren. Nach Deutschland kehrte Thomas Mann erst spät und nur besuchsweise zurück, 1952 übersiedelte er nach Zürich.

- **„Die Buddenbrooks. Verfall einer Familie"** (1901): Der Roman schildert die „Seelengeschichte des deutschen Bürgertums" (Th. Mann) und liefert ein kritisches Bild seines Standes und seiner Generation. Die erste Generation der Kaufmannsfamilie, verkörpert in Johann Buddenbrook, ist sachlich-bodenständig und auch die zweite (Jean) ist noch von einem strengen Ethos geprägt, wohingegen die dritte (Thomas) der Widerspruch kennzeichnet: zwischen Ehrgeiz und erreichten Möglichkeiten, zwischen äußerem Höhepunkt an Macht und Reichtum und innerer Erstarrung. Thomas wird nicht alt und sein schwächlicher, musisch begabter Sohn Hanno überlebt ihn kaum. Diese Geschichte von Aufstieg und Verfall, genau recherchiert und um autobiografische Erfahrung angereichert, zeigt eine ganze Reihe von Formen und Deformationen des bürgerlichen Charakters um 1900.
- **„Der Tod in Venedig"** (1911): Es ist die Geschichte des Todes von Gustav Aschenbach, einem leistungs- und formbewussten berühmten Schriftsteller, der Züge der Komponisten Richard Wagner und Gustav Mahler sowie Thomas Mann selbst trägt. Eine Schaffens- und Existenzkrise bringt ihn nach Venedig, wo er sich im Hotel in den schönen Knaben Tadzio, Sohn einer polnischen Adelsfamilie, verliebt, so sehr, dass er nicht abreist, als sich die Cholera in Venedig verbreitet. Aschenbach gibt sich innerlich dem dionysischen Rausch hin und stirbt an der Seuche. Diese Künstlernovelle gestaltet den Tod in Gestalt verschiedener Todesboten, lädt ihn mythologisch auf und diskutiert den Gegensatz von Formstrenge (als moralische Haltung wie als ästhetisches Prinzip) und leidenschaftlicher, auflösender Hingabe.

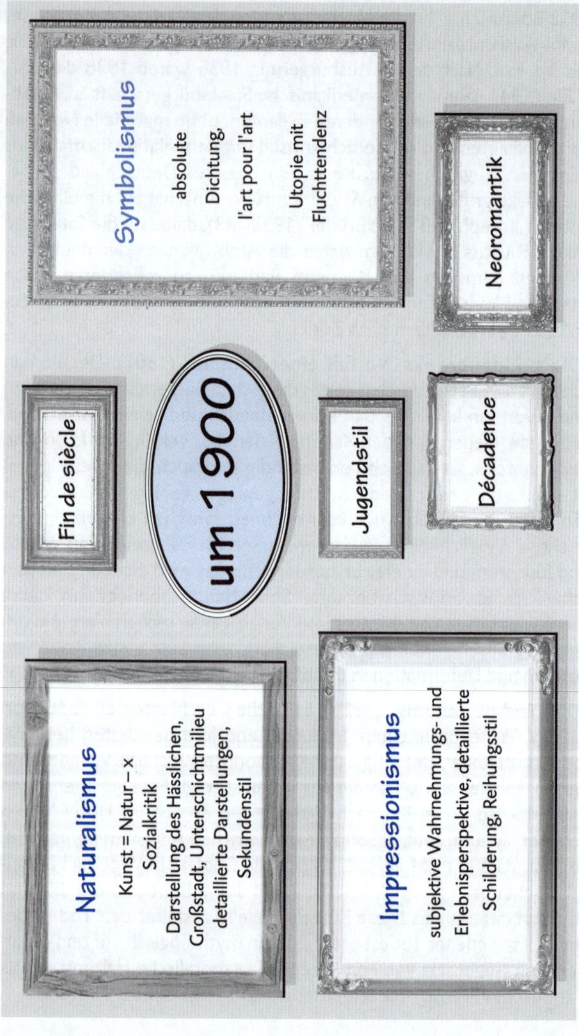
Naturalismus
Kunst = Natur – x
Sozialkritik
Darstellung des Hässlichen, Großstadt, Unterschichtmilieu
detaillierte Darstellungen, Sekundenstil
Fin de siècle
Symbolismus
absolute Dichtung, l'art pour l'art
Utopie mit Fluchttendenz
um 1900
Impressionismus
subjektive Wahrnehmungs- und Erlebnisperspektive, detaillierte Schilderung, Reihungsstil
Jugendstil
Décadence
Neoromantik

Expressionismus

Der Begriff leitet sich von Expression, Ausdruck ab. Das „expressionistische Jahrzehnt“ sind die **1910er-Jahre**, der Spätexpressionismus reicht aber darüber hinaus.

Ernst Ludwig Kirchner: Nollendorfplatz (1912)

1 Hintergründe

Viele der im vorigen Kapitel genannten Zeitumstände prägen auch den Expressionismus (Verstädterung und Anonymisierung, technischer Fortschritt, der auf die Lebenswelt durchschlägt, Positivismus, Revolution in den Naturwissenschaften durch Quanten- und Relativitätstheorie). Die Gesellschaft des späten Kaiserreiches ist sozial wenig durchlässig und von zunehmendem Militarismus und Nationalismus geprägt – Voraussetzungen für den Ersten Weltkrieg und seine mörderischen Materialschlachten, aus denen auch viele Dichter nicht oder traumatisiert zurückkamen.

Der Expressionismus findet sich ebenso in der Musik (Wildheit, Aufbrechen der Tonalität) und der Malerei (Abstraktion, grelle Farben; Künstlervereinigung „Die Brücke").

2 Interpretationsmodell Expressionismus

- Grundlegend für den Expressionismus ist ein verschärftes **Krisenbewusstsein:** Die Gegenwart mit ihrer erstarrten Gesellschaft, mit ihrer zunehmenden Technisierung, Anonymisierung und Beschleunigung der großstädtischen Lebenswelt und der Funktionalisierung des Menschen wird als bedrohlich und sinnentleert wahrgenommen. Diese umfassende **Sinnkrise** kristallisiert sich in Nietzsches Satz „Gott ist tot" oder Georg Lukács' Rede von der „transzendentalen Obdachlosigkeit" (der Mensch existiert ohne metaphysischen Beistand).
- Diese Sinnkrise findet im Expressionismus extrovertiert-kritischen Ausdruck, sei es in der Darstellung als Aufschrei, sei es im Pathos des Aufbruchs. Der Expressionismus wird fast ausschließlich von jüngeren Autoren getragen.
- Das Subjekt ist vom **Ich-Zerfall** bedroht: Es empfindet sich als zersplittert in viele Lebensbereiche und Wahrnehmungen, ohne eine innere Substanz. „Das Ich ist unrettbar", so Ernst Mach, der dies positivistisch begründet: So wie die Dinge in Wahrheit nur Konglomerate von Sinnesdaten seien, so sei dies auch das Subjekt. In der Dichtung schlägt sich das nieder, z. B. in einer Darstellung des materiellen **Körpers in Zerfallszuständen** oder in einer Reduktion auf einzelne Kör-

perteile (Synekdoché) bei Gottfried Benn oder im **melancholischen Rückzug** in eine Welt dunkler, kaum auflösbarer Metaphern bei Georg Trakl.

- Auf der anderen Seite beschwört in hohem Pathos der **„O-Mensch!"-Expressionismus** einen neuen Menschen, der sich auf Grundlegendes besinnt.
- Ein großes Thema des Expressionismus ist die **Großstadt:** Sie wird in ihrer Hässlichkeit dargestellt, ist aber auch der Ort der Einsamkeit in einer anonymen Massengesellschaft, ein Ort der Entfremdung und Verdinglichung des Menschen (Arbeitswelt, Prostitution). Die Reizüberflutung der Großstadt führt zum Zustand der **Blasiertheit** (Georg Simmel), die sich gegen alle Reize abschottet und für nichts mehr empfänglich ist.
- Immer wieder ist der **Krieg** ein Thema, zunächst als Metapher für ein radikales Zerschlagen der herrschenden Zustände und erst viel später auch als Verarbeitung des Ersten Weltkrieges.
- Der Zerfall der Wahrnehmung in Sinnesatome wie auch das Abhandenkommen von Sinnzusammenhängen schlagen sich nieder im **Reihungsstil**, der einzelne Bilder und Eindrücke unverbunden nebeneinandersetzt. Auch der Film wird als Widerspiegelung dieser modernen Wahrnehmung verstanden.
- Die Sinnkrise wird auch als **Sprachkrise** empfunden; die Sprache soll sich für einen neuen Ausdruck durch kühne Metaphern und innovative Ausdrucksformen öffnen. Surrealismus und Dadaismus verabschieden sich radikal von der Semantik.

Überblick über Gattungen und Strömungen

Der Expressionismus findet vor allem in der **Lyrik** Ausdruck. *Jakob van Hoddis* (d. i. Hans Davidsohn, 1887–1942) schreibt mit dem Gedicht „Weltende" (1911) fast eine Art Programmgedicht, in dem sich Katastrophenstimmung, Technisierung, antibürgerliches Pathos und Reihungsstil verbinden. Der Arzt *Gottfried Benn* (1886–1956) schreibt einerseits philosophisch reflektierte Gedichte, stellt aber andererseits auch immer wieder zynisch den körperlichen Zerfall dar („Morgue"-Gedichte 1912). *Georg Trakl* (1887–1914), der zeitweise eine inzestuöse Beziehung zu seiner Schwester hatte, war schwer rauschgiftabhängig und starb nach Erfahrungen an der Ostfront („Grodek") an einer Überdosis Kokain. Seine Gedichte zeichnet eine dunkle, schwerverständliche, kühne Metaphorik aus, die der Trauer und Beklemmung angesichts von Einsamkeit, Kälte und Dunkelheit der Welt Ausdruck gibt. Die Gedichte *Georg Heyms* (1887–1912), eines Juristen aus gutbürgerlichem Haus, der 1912 beim Eislaufen ertrank, kreisen um Großstadt und Krieg, den er pathetisch als großen Aufbrecher, der zerstört und befreit, allegorisiert. *Alfred Lichtenstein* (1889–1914) zeichnet im typischen Reihungsstil immer wieder die Großstadt. *August Stramm* (1874–1915) verarbeitet mit äußerster Sprachverknappung die Erfahrungen des Krieges. *Else Lasker-Schüler* (1869–1945) war mit vielen expressionistischen Dichtern und Malern befreundet; sie thematisiert, häufig in exotischem Gewande, die Schwierigkeiten und Erfahrungen moderner Liebe.

Im **Drama** wird auch der **Generationenkonflikt** zwischen Vätern und Söhnen ein Thema. Formal tendiert es zu Abstraktion und allegorischer Darstellung. Häufig findet man die offene Form des Stationendramas (exemplarische Abfolge von Szenen statt geschlossener Handlung). *Georg Kaiser* (1878–1945) stellt den Menschen zwischen Verzweiflung an der Verdinglichung („Gas" I und II 1920) und Aufbruch zu neuer Authentizität („Die Bürger von Calais" 1913) dar. *Carl Sternheim* (1878–1942) schreibt Satiren auf die spießbürgerliche Gesellschaft und ihre Sprache („Die Hose" 1911). *Ernst Toller* (1893–1939) verfasst sozialistische Dramen.

In der **Prosa** dominieren kleinere Formen (z. B. Benns Sammlung „Gehirne" 1916). Herausragend ist hier Franz Kafka (s. u.).

Der französische **Surrealismus** versucht, beeinflusst u. a. durch Sigmund Freud, das Unbewusste zur Darstellung zu bringen (z. B. écriture automatique, also automatisches, nicht vom Bewusstsein kontrolliertes Schreiben). Der **Dadaismus** löst die Bedeutung der Sprache ganz auf; die Gründe dafür liegen in einem Gestus des Protests sowie in Nihilismus und Sprachkritik. Der Dadaismus tendiert zu Gesamtkunstwerken (Performances, Text-Bild-Collagen). Vertreter sind *Kurt Schwitters* (1887–1948, z. B. „An Anna Blume"), *Hugo Ball* (1886–1927), *Hans Arp* (1887–1966).

3 Verhältnis zu anderen Epochen

Vom Naturalismus erbt der Expressionismus die Darstellung des Hässlichen und die Gegenwartskritik. Der melancholische, abstrakt-metaphorische Ton ist im Symbolismus vorgeprägt. Die Atomisierung der Wahrnehmung hat er mit dem Impressionismus gemein. Die Erfahrung einer existenziellen Bedrohung durch Krieg und Tod bringt den Expressionismus darüber hinaus in die Nähe der barocken Vanitas-Thematik.

4 Wichtige Vertreter und ihre Werke

Gottfried Benn (* 2. 5. 1886 Mansfeld, † 7. 7. 1956 Berlin)
Benn sollte Theologie studieren, wählte aber Medizin, war Militärarzt in beiden Weltkriegen und praktizierte ab 1917 in Berlin als Facharzt für Haut- und Geschlechtskrankheiten. Benn ist einer der bedeutendsten Lyriker des 20. Jahrhunderts. Sein erster Gedichtzyklus „Morgue" (1912) reduziert den Menschen aufs Körperliche und Hässliche; daneben entstehen immer wieder philosophische Reflexionsgedichte, die die Entfremdung und Sinnleere des modernen Menschen umkreisen. Benn untermauerte seinen Kunstanspruch in Essays. Kurz von den Nazis hofiert, wurde er nach 1933 bald zurückgedrängt und erhielt schließlich Schreibverbot. Nach dem Zweiten Weltkrieg prägte er mit seinen „Statischen Gedichten" (1949) und dem Vortrag „Probleme der Lyrik" (1951) die Nachkriegslyrik.

Franz Kafka (* 3. 7. 1883 Prag, † 3. 6. 1924 Kierling bei Klosterneuburg)
Kafka stammte aus einer jüdischen Prager Kaufmannsfamilie. Er promovierte in Jura, das er vor allem auf Druck des Vaters studiert hatte. Das Verhältnis Kafkas zu seinem sehr dominanten Vater war zeitlebens belastet, Kafka verarbeitet es etwa im nie abgeschickten „Brief an den Vater" (1919). Er war bei der „Arbeiter-Unfall-Versicherungs-Anstalt für das Königreich Böhmen" in Prag beschäftigt, wo er Betriebe beaufsichtigen musste und sich um die Arbeitssicherheit kümmerte. 1914 verlobte er sich mit Felice Bauer in Berlin – um die Verlobung einen guten Monat später wieder zu lösen; das Spiel wiederholte sich 1917. In diesem Jahr brach seine Tuberkulose aus. Kafka wurde 1922 pensioniert und starb 1924 in einem Sanatorium nahe Berlin.

Kafka ist sehr von seiner Prager Umgebung geprägt, wo eine kleine deutsche Oberschicht sprachlich und kulturell weitgehend in sich abgeschlossen lebte. Kafka existierte ganz fürs Schreiben. Er zog sich bewusst in die Isolation zurück und lebte zeitweise sein „Manöverleben", d. h., er schlief nachmittags, schrieb nachts und ging morgens ins Büro. Dennoch veröffentlichte er zu Lebzeiten wenig; viele Manuskripte brachte sein Freund Max Brod erst postum heraus – gegen Kafkas erklärten Willen, die Texte nach seinem Tod zu vernichten.

Kafka beschreibt in nüchternem und klarem Stil immer wieder Straf- und Gewaltfantasien, die die Entfremdung und Einsamkeit des modernen Menschen und sein Ausgeliefertsein an totalitäre Mächte wie auch an das eigene Unterbewusstsein grotesk zugespitzt zeigen. Viele seiner Texte haben parabelhafte Züge, verweigern aber eine eindeutige Auflösung, sodass sie zu immer neuen Deutungen herausfordern. **„Die Verwandlung"** (1912) schildert, wie Gregor Samsa eines Morgens in einen großen Käfer verwandelt aufwacht und von seiner Familie ausgestoßen wird – eine Allegorie auf die Entfremdung selbst im privatesten Bereich. In **„Das Urteil"** (1912), das Kafka in einer einzigen Nacht niederschrieb, wird der junge Protagonist von seinem übermächtigen Vater zum Tod durch Ertrinken verurteilt und vollzieht dieses Urteil prompt. **„In der Strafkolonie"** (1914) schreibt eine monströse Maschine den Angeklagten ihre Schuld buchstäblich auf den Leib und tötet sie dadurch langsam. In der Erzählung **„Auf der Galerie"** (1917) sieht ein Zirkusbesucher einer Kunstreiterin zu; es bleibt in der Schwebe, ob es sich um eine erbärmliche lungenkranke Artistin handelt, deren Treiben in der Manege er Einhalt gebieten will, oder um eine schöne, strahlende Frau, deren Ästhetik ihn in ihren Bann zieht.

- „Jemand mußte Josef K. verleumdet haben, denn ohne daß er etwas Böses getan hätte, wurde er eines Morgens verhaftet." So beginnt das große Romanfragment **„Der Proceß"** (1914/15), in dem sich der Held immer tiefer in einen ominösen Prozess verstrickt. Er sieht sich einem allgegenwärtigen, auf staubigen Dachböden tagenden Gericht gegenüber, und obwohl er sich keiner Schuld bewusst ist und behauptet, aufbegehren zu wollen, rechtfertigt er sich beständig und nimmt alle Vorgaben hin. Schließlich endet der groteske Prozess mit seiner Hinrichtung. – Kafka zeigt das Gericht als eine bürokratische Übermacht, lädt es aber auch mit religiösen und sexuellen Konnotationen auf.

Ernst Jünger (* 29.03.1895 Heidelberg, † 17.2.1998 Riedlingen)
Jünger war zeitlebens ein Provokateur. Früh brachte ihn eine Art romantische Todesneugierde zur Fremdenlegion, die er nach einer Intervention des Vaters schnell wieder verlassen musste. 1914 meldete er sich freiwillig und kam aus dem Krieg zurück als mehrfach verwundeter, hochdekorierter Offizier, der seine tollkühnen Stoßtruppeinsätze in seinem Roman „In Stahlgewittern" (1920) in distanziert kühlem Ton verklärt. Jünger blieb in der Reichswehr und studierte dann Zoologie und Philosophie, ohne Abschluss. Er war ein entschiedener Militarist und Antidemokrat, der immer wieder publizistisch gegen die Republik anschrieb. Von den Nazis allerdings hielt er sich fern und zog sich nach 1933 zurück. Sein Roman „Auf den Marmorklippen" (1939), die Darstellung eines Umbruchs in einer utopischen Gesellschaft, gilt als Dokument innerer Emigration; Jünger hat dies stets bestritten. Im Zweiten Weltkrieg war Jünger in Paris als Hauptmann, wurde jedoch 1944 mit dem Attentat auf Hitler in Verbindung gebracht. Nach dem Krieg publizierte er rege, experimentierte mit Drogen („Annäherungen" 1970) und gerierte sich wie eh und je als provokanter Ästhet mit aristokratischer Pose.

Else Lasker-Schüler
(* 11.2.1869 Wuppertal-Elberfeld, † 22.1.1945 Jerusalem)
Die Jüdin heiratete 1894 Jonathan Berthold Lasker, von dem sie sich aber nach fünf Jahren wieder trennte. Todesfälle in der Familie machten sie noch vor der Jahrhundertwende zur Waisen. 1903 heiratete sie Georg Lewin, den sie und der sich dann Herwarth Walden nannte; Walden war einer der bedeutendsten Verleger und einflussreichsten Kunstförderer seiner Zeit, ein Wegbereiter des Expressionismus. Else Lasker-Schüler lernte die Dichter- und Maleravantgarde ihrer Zeit kennen, verarbeitete viele Begegnungen in ihrer Lyrik und hinterließ bei vielen aufgrund ihrer extravaganten, schillernden Persönlichkeit einen nachhaltigen Eindruck. Mit Gottfried Benn hatte sie eine wechselhafte Beziehung, die sich bei beiden auch in Gedichten niederschlug. Ein wiederkehrendes Thema ihrer Gedichte, die zwischen Neoromantik und Expressionismus changieren, ist die Liebe, aber auch die jüdische Tradition. Lasker-Schüler schrieb daneben auch Prosa und Dramen. 1933 musste sie ins Exil gehen, wanderte 1939 nach Palästina aus, wo sie verarmt starb.

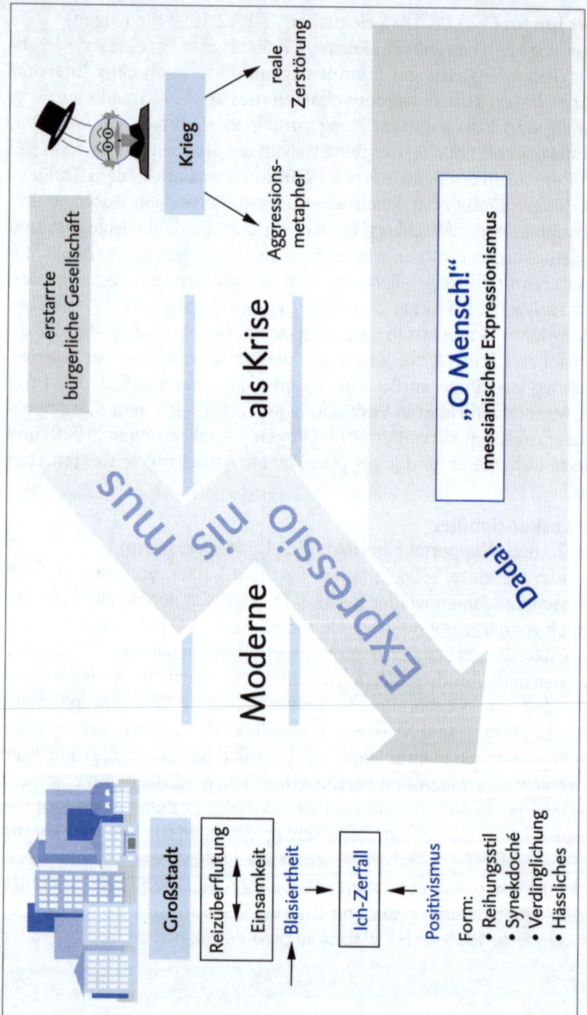
Großstadt
Reizüberflutung
Einsamkeit
Blasiertheit
Ich-Zerfall
Positivismus
Form:
• Reihungsstil
• Synekdoché
• Verdinglichung
• Hässliches
Moderne als Krise
erstarrte bürgerliche Gesellschaft
Krieg
Aggressions-metapher
reale Zerstörung
Expressionismus
„O Mensch!“
messianischer Expressionismus
Dada!

Die 1920er-Jahre: Weimarer Republik und Neue Sachlichkeit

Die 1920er-Jahre sind eine zerrissene, politisch und gesellschaftlich unruhige Zeit. Die Neue Sachlichkeit, eine Gegenbewegung zum Expressionismus, ist hier nur eine, wenn auch eine prominente Strömung.

Hans Baluschek: Bahnhofshalle (1929)

1 Hintergründe

Nach dem Ende von Erstem Weltkrieg und Kaiserreich etablierte sich die Weimarer Republik, die sich von vornherein auf keinen breiten gesellschaftlichen Konsens stützen konnte; im Spektrum der Parteien gab es viele, die die Republik ablehnten. Reparationslasten drückten auf die wirtschaftliche Entwicklung (u. a. Vernichtung von Geldvermögen durch die Hyperinflation 1923, die auch viele Schriftsteller in Not stürzte). Der Krieg und seine Gräuel waren aber auch psychologisch zu verarbeiten. In Österreich musste der Zerfall der k.u.k.-Monarchie bewältigt werden. Kulturell waren die „Roaring Twenties“ eine Zeit großer Offenheit und Vielfalt. Die Schriftsteller professionalisierten sich, Verbände entstanden.

2 Interpretationsmodell Neue Sachlichkeit

Der Begriff „Neue Sachlichkeit“ stammt aus der Kunstkritik (C. F. Hartlaub) und meinte dort die dezidierte Abkehr vom Expressionismus und seiner pathetischen, abstrakten und elitären Künstlichkeit.

- Zentral ist eine Orientierung an den Realitäten der **industriellen städtischen Massengesellschaft**, deren soziale und wirtschaftliche Verhältnisse – durchaus auch in kritischer Absicht – dargestellt werden. Politisch ist die Neue Sachlichkeit keiner Richtung zuzuordnen.
- Das Themenspektrum ist vielfältig: **Großstadtliteratur** (z. B. Döblin: „Berlin Alexanderplatz“), **Verarbeitung des Krieges** (Antikriegsliteratur wie Erich Maria Remarques Roman „Im Westen nichts Neues“, Krieg als Faszinosum wie Ernst Jüngers Kriegstagebuch „In Stahlgewittern“), ausgeprägter Kulturpessimismus (Oswald Spengler, „Der Untergang des Abendlandes“).
- Dem Realismus der Neuen Sachlichkeit entspricht das **Stilideal der Nüchternheit**, das sich bewusst vom utopischen Pathos des Expressionismus absetzt. Die objektiven Tatsachen, nicht Erlebnisse und Gefühle stehen im Vordergrund. Der Inhalt wird gegenüber der Form aufgewertet.
- Die Darstellungen sind häufig getragen vom Bewusstsein der **Desillusionierung** und der Skepsis (z. B. A. Döblin, E. Kästner, L. Feuchtwanger). Daneben treten aber auch Tendenzen, die Realität symbo-

lisch aufzuladen und als Indiz neuer Hoffnung und Eigentlichkeit darzustellen (z. B. Hermann Hesse).

- Die Neue Sachlichkeit tendiert in der Prosa zum Zeitroman. Es gewinnen aber auch journalistische Formen wie Reportage (E. E. Kisch) oder die Biografie an Bedeutung. Sowohl die Zeitung als auch das neu aufkommende Radio werden als Medien für Literatur wichtig. Die Gebrauchslyrik entwickelt neue Formen (Song, Kabarett). Auf dem Gebiet des Dramas dominieren das Dokumentartheater (E. Piscator) und das epische Theater (B. Brechts Lehrstücke).

Neben der Neuen Sachlichkeit entsteht weiterhin expressionistische Literatur, aber auch ein ausgeprägter Traditionalismus (regionale Literatur, Volksmythen) und Neuklassizismus finden Leser.

3 Wichtige Vertreter und ihre Werke

Bertolt Brecht (* 10. 2. 1898 Augsburg, † 14. 8. 1956 Berlin Ost)
Brecht stammte aus einer Aufsteigerfamilie, kannte das Arbeitermilieu, wuchs aber in bürgerlichem Umfeld auf. Früh profilierte er sich als antikonventioneller Bürgerschreck. Er pendelte nach München, schrieb aber statt zu studieren seinen ersten Erfolg, das Stück „Trommeln in der Nacht“ (1919), in dem er den Typ des angepassten, gewissenlosen und nur auf seinen Vorteil bedachten Bürgers kritisiert. Brecht reflektierte in den 1920er-Jahren die Massengesellschaft als faktische und daher nicht zu ignorierende Bedingung, gegen die sich Individualität behaupten muss. Er bildete früh einen Kreis von direkten Mitarbeitern um sich (unter anderem seine spätere Frau, die Schauspielerin Helene Weigel), mit denen er gemeinsam schrieb. Zu Brechts Verfahren gehörte immer auch die Übernahme von Vorhandenem, die ihm mehr als einmal den Vorwurf des Plagiats einbrachte.

Brecht ging nach Berlin, las Marx. Die „Dreigroschenoper“ (1928) wurde ein großer Erfolg, obwohl dies ihrer kritischen Stoßrichtung zuwiderlief. Brechts Lyrik aus dieser Zeit zeigt den sinnlichen Genuss als eine auch kritische Grundhaltung, kennt aber auch den Protestsong. Die „Geschichten vom Herrn Keuner“ formulieren aphoristische Denkanstöße.

1933 floh Brecht über Umwege nach Dänemark, 1940 weiter über die Sowjetunion in die USA. Die 24 Szenen „Furcht und Elend des Dritten Reiches“ (1938) stellen ausgehend von Zeitungs- und Augenzeugenberichten den Alltag in Nazideutschland mit Misstrauen, Angst, vorauseilendem Gehorsam und Brutalität dar. In dieser Zeit entstanden auch Brechts große Stücke des epischen Theaters: „Mutter Courage“ (UA 1941), „Leben des Galilei“ (UA 1943), „Der gute Mensch von Sezuan“ (UA 1943) und andere. Brecht blieb unbequem, er stellt in „Der aufhaltsame Aufstieg des Arturo Ui“ (UA 1941) eine Verbindung von Kapitalismus, Gangstertum und Faschismus her. In Hollywood konnte er nicht Fuß fassen. Nach Kriegsende wurde er vor dem „Ausschuss für unamerikanische Umtriebe“ verhört und reiste sofort nach Europa. Nach kurzem Aufenthalt in Zürich ging er, der ein sozialistisches Deutschland befürwortete, nach Ostberlin, auch wenn er 1950 österreichischer Staatsbürger wurde. Er gründete das Berliner Ensemble und setzte als Intendant des Theaters am Schiffbauerdamm sein episches Theater auf der Bühne um. Die „Buckower Elegien“ (1954) verarbeiten u. a. die Niederschlagung des Arbeiteraufstandes von 1953.

- **„Dreigroschenoper“** (1928): Macheath, genannt Mackie Messer, der die Londoner Einbrecher kontrolliert, liebt Polly, die Tochter des Bettlerkönigs Peachum, der die Bettler kontrolliert. Eine Intrige bringt Mackie Messer unter den Galgen, wo er (völlig unglaubwürdig) von einem reitenden Boten des Königs begnadigt und in den Adelsstand erhoben wird. Der ungeheure Erfolg des Stückes gründet auf der zündenden Vertonung der Songs durch Kurt Weill, aber auch auf der vordergründigen Komik des Stückes. Diese unterhaltsamen Elemente schieben sich in der Rezeption vor die kritische Stoßrichtung: die Darstellung von Elend und Not als Folge und Mittel des Kapitalismus. Der Bürger entpuppt sich als Räuber: „Was ist der Einbruch in eine Bank gegen die Gründung einer Bank?“
- **„Mutter Courage und ihre Kinder“** (UA 1941): Während des 30-jährigen Krieges zieht die Marketenderin Anna Fierling, die man Mutter Courage ruft, umher, um im Krieg und durch den Krieg Geschäfte zu machen. Dabei agiert sie schlau und zupackend. Ihre Kinder kommen der Reihe nach durch die Kriegswirren um, paradoxerweise gerade wegen ihrer im Krieg ausgebildeten Tugenden. Die Courage lernt daraus jedoch nichts und ist auch am Ende nur darauf aus, „wieder in den Handel [zu] kommen.“ Das Stück ist eine historische Parabel auf das Verhalten vieler Deutscher in der Nazizeit.

- **„Leben des Galilei“** (UA 1943): Der Anstoß für das Stück war die Entwicklung der Atombombe, und die drei Fassungen des Dramas spiegeln deren politische Bedeutung wider. Galilei ist ein historisch genau gearbeitetes Exempel, um diese Entwicklung und die Verstrickung von Wissenschaft und Politik zu reflektieren. Das Stück stellt Galileis Lebenslauf in 15 Szenen dar. Galilei wird als Begründer der neuzeitlichen Wissenschaft und ihrer Rationalität gezeigt, die zu großen Umwälzungen des Weltbilds wie auch alltagspraktisch-technischen Entdeckungen führt; auf der anderen Seite bleibt Galilei naiv, weil er nur an die reine Vernunft glaubt und sich damit unkritisch und ohne Widerstand der Politik unterwirft.
- **„Der gute Mensch von Sezuan“** (UA 1943): Drei Götter kommen auf die Erde, um einen guten Menschen zu suchen. Sie finden ihn in der Prostituierten Shen Te, die sie aufnimmt; zufrieden verschwinden die Götter, nachdem sie ihr ein kleines Vermögen geschenkt haben, für das sie sich einen Tabakladen kauft. Shen Te zeigt in der Folge zwei Seiten: Weil ihre Güte sie immer wieder an den Rand des Ruins und in existenzielle Not bringt, erfindet sie als ihr Gegen-Ich den grausamen Vetter Shui Ta, der brutal Schulden eintreibt und schließlich ihre Tabakfabrik mit harter Hand zum wirtschaftlichen Erfolg führt. Als er angeklagt wird, Shen Te umgebracht zu haben, lässt diese ihre Maske fallen und offenbart ihren Zwiespalt. Die richtenden Götter wissen jedoch keinen Rat, wie Shen Te aus dieser Zerrissenheit erlöst werden könnte. Das Ende bleibt offen. Das Stück bewältigt die wirtschaftlich-moralische Spaltung des bürgerlichen Individuums mit Komik.

Alfred Döblin (* 10. 8. 1878 Stettin, † 26. 6. 1957 Emmendingen)
Unter ärmlichen Verhältnissen aufgewachsen – die Mutter war mit den Kindern sitzengelassen worden und nach Berlin gezogen – studierte Döblin in Freiburg Medizin. In ersten Texten schrieb er einen parataktisch-expressionistischen Stil. Die Erfahrung als Kriegsarzt machte ihn zum Kriegsgegner und Sozialisten, der sich in den 1920er-Jahren politisch für die Linke engagierte. Sein Hauptwerk ist der große Roman „Berlin Alexanderplatz“ (1929). 1933 ging Döblin ins Exil (Frankreich, USA), kam 1945 zurück, fand aber keine Beachtung mehr.

- **„Berlin Alexanderplatz“** (1929): Der Großstadtroman beschreibt Berlin aus der Perspektive des Transportarbeiters Franz Biberkopf. Der gerät, gerade mit besten Vorsätzen aus dem Gefängnis entlassen, alsbald unter schlechten Einfluss und auf die schiefe Bahn, verkehrt im Hurenmilieu, wird selbst Zuhälter, verliert einen Arm, landet schließlich unter falschem Mordvorwurf in der Irrenanstalt, die er geläutert verlässt. Die Großstadt wird als ein Moloch, als eine anonyme, den Einzelnen mitleidlos verbrauchende Maschine dargestellt. Nach dem Prinzip der Montage reiht Döblin die Szenen aneinander, stellt insbesondere die verschiedenen Sprachebenen dar. Zugleich wird das Geschehen durch Kommentare gebrochen und durch biblische Anspielungen apokalyptisch aufgeladen.

Erich Kästner (* 23. 2. 1899 Dresden, † 29. 7. 1974 München)
Kästner ist vor allem seiner Kinderbücher wegen bekannt: „Emil und die Detektive“ (1929), „Pünktchen und Anton“ (1931), „Das fliegende Klassenzimmer“ (1933). Kästner hatte ursprünglich Lehrer werden wollen. Er arbeitete in den 1920er-Jahren als Journalist, schrieb aber auch Lyrik, die in nüchtern-humorvollem Ton Sozial- und Gesellschaftskritik übt. 1933 wurden seine Bücher von den Nationalsozialisten verbrannt. Kästner ging in die innere Emigration, verfasste leichte Unterhaltungsliteratur. 1942 erhielt er völliges Schreib- und Publikationsverbot, schrieb allerdings unter Pseudonym Drehbücher. Nach dem Krieg wirkte er als Autor für Kabarett und Hörfunk.

Karl Kraus (* 28. 4. 1874 Jičin, † 12. 6. 1936 Wien)
Kraus ist einer der bedeutendsten Kulturkritiker und Essayisten des 20. Jahrhunderts. 1899 gründete er die Zeitschrift „Die Fackel“, und erst kurz vor seinem Tod 1936 stellte er sie ein – nach 37 Jahrgängen und 922 Nummern, deren Autor nahezu allein er selbst war. Der Stilist Kraus setzte sich satirisch und polemisch mit den Strömungen und literarischen Sternen und Sternchen seiner Zeit auseinander. Sein Werkzeug ist dabei stets die entlarvende Sprachkritik zur „Trockenlegung des Phrasensumpfes“. Kraus glaubte an die Einheit von Inhalt und Form. Neben seiner Publizistik schrieb Kraus auch Dramen, darunter „Die letzten Tage der Menschheit“ (1922), das in über 200 Szenen die Erfahrungen des Ersten Weltkrieges darstellt.

Robert Musil (* 6. 11. 1880 Klagenfurt, † 15. 4. 1942 Genf)
Musil studierte zunächst Maschinenbau, wandte sich bald nach dem Abschluss der Philosophie zu, wo er über den Physiker und Erkenntnistheoretiker Ernst Mach promovierte. Sein Erstlingsroman „Die Verwirrungen des Zöglings Törleß“ (1906) war ein großer Erfolg. Nach Einsatz an der Front im Ersten Weltkrieg lebte er als Beamter und schrieb den

großen und dennoch Fragment gebliebenen Roman „Der Mann ohne Eigenschaften" (1930 u. 1932). Dieser äußerst vielschichtige Text kreist um die Frage nach der Vermittlung von Rationalem und Transrationalem und mündet in eine unvollendete Utopie der Liebe. Zugleich liefert er eine Schilderung der psychologischen Stimmungen und sozialen Strömungen, die zum Ersten Weltkrieg führen. Nach dem Zweiten Weltkrieg wurde der Roman als Diagnose der Moderne wiederentdeckt.

- **„Die Verwirrungen des Zöglings Törleß"** (1906): Der Roman behandelt zum einen die Unterdrückungsmechanismen in einer Kadettenanstalt sowie sexuell-sadistische Machtspiele unter den Schülern, zum anderen die Auseinandersetzung des pubertierenden Protagonisten mit neuen Erfahrungen, die ihm ungreifbar bleiben.

Erich Maria Remarque (d. i. Erich Paul Remark,
* 22.6.1898 Osnabrück, † 25.9.1970 Locarno)
„Im Westen nichts Neues" (1929), die Schilderung des sinnlosen Tötens im Ersten Weltkrieg, machte Remarque berühmt; die Grausamkeit des Krieges zeigt er an vier Einzelschicksalen. Zuvor hatte Remarque, aus kleinen Verhältnissen stammend, vor allem journalistisch gearbeitet und sich als ästhetizistischer Dandy gegeben. Der Roman wurde von der Rechten geschmäht, der Linken war er zu plakativ und zu wenig analytisch – und doch wurde er als *der* deutsche Antikriegsroman gesehen. 1933 wurden seine Werke verbrannt, der wohlhabende Remarque ging ins Exil in die Schweiz und die USA. Die Romane, die er nach dem Krieg veröffentlichte, hatten zumeist lebenszugewandt-listige Helden, erreichten aber weder Erfolg noch Bedeutung seines Kriegsbuches.

Joseph Roth (* 2.9.1894 Brody/Galizien, † 27.5.1939 Paris)
Roth begann als Journalist in Berlin. Der scharfe Beobachter und nüchtern-brillante Stilist Roth schrieb erste Zeitromane. Nach einer Dokumentarreise ins nachrevolutionäre Russland wandte er sich vom Sozialismus ab und mehr und mehr einem christlichen Konservatismus zu. Auch stilistisch wandelte er sich, stellt in seinem Roman „Hiob" (1930) bilderreich das Milieu des Ostjudentums dar. In „Radetzkymarsch" (1932) schildert er den Zerfall der österreichischen Monarchie vor dem Ersten Weltkrieg und stilisiert sie (nicht ohne Verzerrung, Verklärung und Pessimismus) zu einem humanistischen Gegenmodell zu den totalitären Regimen seiner Gegenwart. Roth ging, nachdem er schon zuvor Zuflucht im Alkohol gesucht hatte, 1933 in ein unstetes Exil.

Kurt Tucholsky (* 9. 1. 1890 Berlin, † 21. 12. 1935 Hindås)
Aus großbürgerlichen Verhältnissen kommend, begann Tucholsky noch während seines Jurastudiums, zeitkritische Artikel zu veröffentlichen. Als Autor und Herausgeber links-liberaler Zeitschriften schrieb er ebenso unterhaltsam wie kritisch. Unter verschiedenen Pseudonymen wie auch seinem eigenen Namen attackierte er mit brillantem Stil und Sarkasmus Obrigkeitsdenken, Militarismus und Ungerechtigkeit. Tucholsky hatte dabei auch die Außenperspektive, lebte 1924–29 mit kurzer Unterbrechung in Paris und ab 1929 in Schweden. Sein Roman „Schloss Gripsholm" (1931) war ein großer Erfolg. In Deutschland verboten und von Krankheit gequält, nahm er sich das Leben.

Karl Valentin (d. i. Valentin Ludwig Fey,
* 4. 6. 1882 München, † 9. 2. 1948 ebd.)
Valentin stammte aus kleinen Verhältnissen. Sein Kabarett entwickelte in Monologen und Spielszenen, die er mit seiner Partnerin Liesl Karlstadt aufführte, eine groteske Komik des Alltags. Dabei ging es nicht nur um die Parodie kleinbürgerlicher Marotten, sondern genauso um eine konservative Kulturkritik und die Hilflosigkeit im modernen Leben. Valentin übt immer wieder mit Mitteln des Absurden Sprachkritik. Als einer der Ersten benutzte er den Film als Medium (u. a. unter der Regie Brechts). Im Dritten Reich war er geduldet; er starb verarmt und vergessen.

Jakob Wassermann (* 10. 3. 1873 Fürth, † 1. 1. 1934 Altaussee)
Wassermann war einer der erfolgreichsten Schriftsteller der 1920er-Jahre. Er kam als Redakteur der Zeitschrift „Simplicissimus" zum Schreiben. Ein erster Erfolg war der Roman über „Die Juden von Zirndorf" (1897), die an einen vermeintlichen Messias glauben. Wassermann experimentierte in der Folgezeit, schrieb Romane und Novellen. Sie tragen zum Teil autobiografische Züge, beschäftigen sich immer wieder mit der Rolle des Judentums; im Stil sind sie eher konventionell angelegt. Sein bekanntester Roman wurde „Der Fall Maurizius" (1928), in dem der sechzehnjährige Gymnasiast Etzel Andergast einen Mord aufklärt und den von seinem Vater, dem Oberstaatsanwalt, ins Gefängnis gebrachten Sträfling Maurizius rehabilitiert.

Carl Zuckmayer (* 27.12.1896 Nackenheim, † 18.1.1977 Visp)
Zuckmayer meldete sich als Freiwilliger zu Beginn des Ersten Weltkrieges und kam als überzeugter Pazifist zurück. In den 1920er-Jahren schrieb er Volksstücke und Komödien, darunter das obrigkeits- und militarismuskritische Stück „Der Hauptmann von Köpenick" (1931). Während des Dritten Reiches emigrierte er in die USA. Das Drama „Des Teufels General" (1946) zeigt die Möglichkeiten des Widerstandes im totalitären Naziregime; im Ton vereinigt es Sachlichkeit und Expressionismus.

Stefan Zweig (* 28. 11. 1881 Wien,
23. 2. 1942 Petropolis bei Rio de Janeiro)
Zweig stammte aus großbürgerlichem jüdischem Haus. Er begann mit impressionistischen Texten. Bald aber stellte er psychologische Prozesse dar, die immer auch die Zeiteinflüsse spiegelten und damit Zeitkritik übten. Zweig, der viel reiste und Kontakt zu vielen bedeutenden Schriftstellern seiner Zeit hielt, war überzeugter Pazifist. In Biografien gestaltet er eher das damalige Lebensgefühl, das unkontrollierbare Schicksalsmächte am Werk sah, als eine Reflexion der Geschichte. Seine erfolgreichen Werke erhoben hohen moralischen Anspruch, der jedoch nicht den Einfluss auf die Politik hatte, den Zweig sich erhoffte. Im Exil ging es Zweig um die Bewahrung der alteuropäisch-humanistischen Tradition gegen die Nazibarbarei. Seine „Schachnovelle" (1942) zeigt einen durch Gestapohaft traumatisierten Flüchtling, dessen Kultiviertheit und geistige Überlegenheit am Faschismus, verkörpert durch einen grobschlächtigen Schachweltmeister, scheitert. Zweig nahm sich zusammen mit seiner Frau im brasilianischen Exil resigniert das Leben.

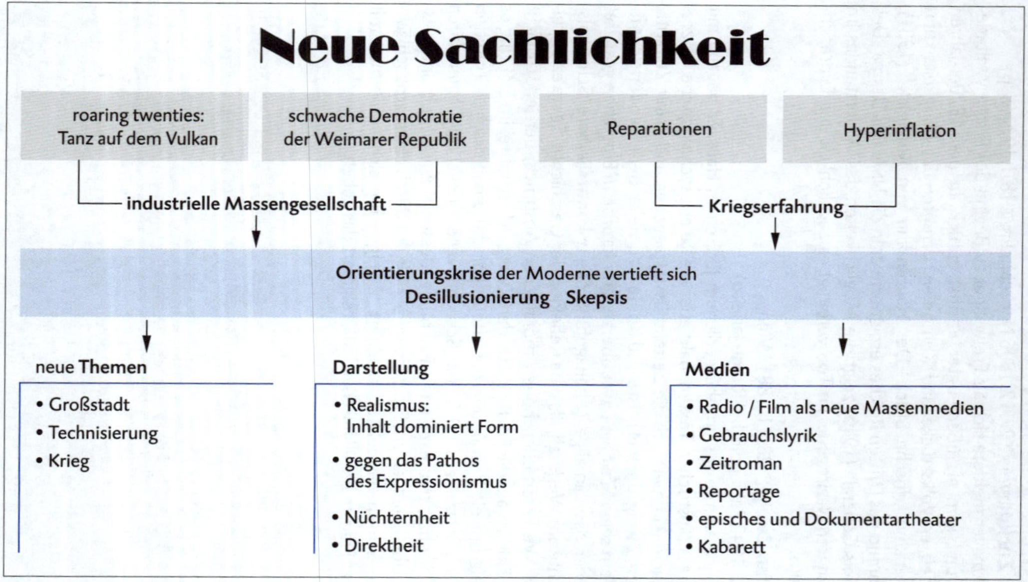
Neue Sachlichkeit
roaring twenties: Tanz auf dem Vulkan
schwache Demokratie der Weimarer Republik
Reparationen
Hyperinflation
industrielle Massengesellschaft
Kriegserfahrung
Orientierungskrise der Moderne vertieft sich
Desillusionierung Skepsis
neue Themen
• Großstadt
• Technisierung
• Krieg
Darstellung
• Realismus: Inhalt dominiert Form
• gegen das Pathos des Expressionismus
• Nüchternheit
• Direktheit
Medien
• Radio / Film als neue Massenmedien
• Gebrauchslyrik
• Zeitroman
• Reportage
• episches und Dokumentartheater
• Kabarett

Drittes Reich und Exil 1933–1945

Mit der Machtübernahme der Nazis änderten sich die Bedingungen für die Literatur grundlegend: Im Deutschen Reich wurde sie Teil einer gleichgeschalteten Propagandamaschine. Zugleich mussten viele Intellektuelle ins Exil fliehen – mit häufig existenziellen Konsequenzen.

Bücherverbrennung am 10. Mai 1933 auf dem Berliner Opernplatz

1 Hintergründe

Mit der Machtübernahme der Nationalsozialisten 1933 änderte sich die Situation in Deutschland grundlegend: Die Gesellschaft wurde gleichgeschaltet; schnell, konsequent und auch effektiv vereinnahmte das Regime sämtliche Lebensbereiche. Minderheiten wurden brutal unterdrückt, Kritiker verfolgt und in Konzentrationslager gesperrt, nicht selten ermordet. Der Rassenwahn führte zu einer fortschreitenden Ausgrenzung und Verfolgung vor allem der Juden, aber auch der Sinti und Roma, Behinderter u. a. m., die schließlich in eine unfassbare Vernichtung dieser Gruppen in industriellem Ausmaß mündete. Dem Regime gelang es zu Beginn, die hohe Arbeitslosigkeit der frühen 1930er-Jahre rasch zu beseitigen, allerdings um den Preis einer ganz auf die Kriegsvorbereitung abgestellten Wirtschaft. Die Nazis erzwangen einen nie dagewesenen Massenexodus der Intelligenz aller Gebiete, Fortschritte gab es lediglich in den Ingenieurwissenschaften. Mit Kriegsbeginn wurden alle angrenzenden Länder Europas (mit Ausnahme von Schweden) für die deutschen Exilanten zu unsicher, sodass eine weitere Exilwelle vor allem nach Amerika ging. Der Krieg endete mit einer weitreichenden Zerstörung Mitteleuropas, dem Abwurf zweier Atombomben auf Japan und ca. 50 000 000 Toten.

2 Literatur unter dem Nazi-Regime

Literatur, Theater und Film als öffentlichkeitswirksame Medien wurden rasch der **Gleichschaltung** unterworfen. Ein erstes Fanal war die Bücherverbrennung am 10. 5. 1933, die viele namhafte Schriftsteller betraf. Das „Reichsministerium für Volksaufklärung und Propaganda" unter Goebbels übte Zensur und kontrollierte Vertrieb und Aufführungen. Der „Reichsschrifttumskammer" musste jeder beitreten, der an Herstellung und Vertrieb von Literatur beteiligt war. Sie gab u. a. auch eine „Liste des schädlichen und unerwünschten Schrifttums" heraus, die nicht öffentlich zugänglich war und damit Denunziantentum und Selbstzensur förderte.

- **Regimekonforme Literatur** wurde von den Nazis gefördert und in großen Auflagen produziert. Sie stützte den Irrationalismus des Regimes, untermauerte in historischen Romanen die Macht- und Gebietsansprüche; Bauern- und Siedlerromane verklärten die Blut-und-Boden-Ideologie und verdeckten die enge Bindung an die Industrie; Heroen wurden in der Kriegsliteratur verherrlicht. Thingspiele nach angeblich germanischem Vorbild wurden zu Masseninszenierungen.

- Daneben stand die **Literatur der inneren Emigration**, d. h. Literatur, die sich entweder neutral hielt oder dem Regime eine „geistige Opposition" entgegensetzte. Gemeinsam ist beiden, dass sie mit dem Mittel der doppeldeutigen Rede arbeiteten und verständige, gleichgesinnte Leser haben mussten. Nicht immer sind Werke eindeutig als Texte der inneren Emigration zu identifizieren. Sie griff häufig auf historische oder mythologische Stoffe zurück, die als Gegenmodell zum Naziregime gelten konnten (z. B. Gerhart Hauptmanns „Atriden"-Tetralogie 1940–44; umstritten: Ernst Jünger: „Auf den Marmorklippen" 1939), oder auf christliche Sujets (Werner Bergengruen: „Der Großtyrann und das Gericht" 1935). Andere Autoren wie Gottfried Benn, der den Nazis anfangs noch nicht ablehnend gegenüberstand, oder Erich Kästner, der sich zunächst mit Unterhaltungsliteratur zu halten versuchte, verstummten nach Schreibverbot. Die wenigen Zeitschriften der inneren Emigration wurden nach und nach verboten.
- Nur wenige Autoren wagten echten **Widerstand**, zumeist auf Flugblättern. Zu ihnen gehörten Autoren der Linken und der von der Gestapo so genannten „Roten Kapelle", die 1942 aufflogen, gefoltert und zum Teil ermordet wurden, etwa Harro Schulze-Boysen, Arvid Harnack oder Günther Weisenborn.

3 Literatur des Exils

Die Liste der Exilanten liest sich wie das Who is Who der zeitgenössischen Literatur. Die Wege gingen zunächst ins benachbarte Ausland, in die Tschechoslowakei, die Schweiz und vor allem nach Frankreich. Je näher der Krieg rückte, desto stärker wurde der Druck, Europa zu verlassen, meist in Richtung Amerika. Die **Situation** der Exilanten war, von wenigen Ausnahmen wie Thomas Mann oder Lion Feuchtwanger abgesehen, **äußerst schwierig und belastend:** Die Schriftsteller waren oft mittellos und mussten sich mit Gelegenheitsarbeiten oder mithilfe ihrer Partner durchschlagen. Häufig hatten sie keine Papiere, waren geduldet und mussten in ständiger Furcht vor Abschiebung leben. In den Gastländern wurden sie als Durchgangsphänomen wahr- und deshalb nur oberflächlich aufgenommen. Mit dem Krieg rückte die Bedrohung erneut näher. Zu veröffentlichen war zumeist äußerst schwierig. Mit dem Exil gingen auch das kulturelle Bezugssystem, die Muttersprache und der Austausch mit Kollegen, verloren. Das Leben im unsicheren Schwebezustand und das Verstummen trieben nicht wenige in Verzweiflung und Freitod (z. B. Kurt Tucholsky, Ernst Toller, Walter Hasenclever, Walter Benjamin, Stefan Zweig u. a.).

Unter den Exilanten gab es keine einheitliche Organisation, zu weit verstreut waren sie und zu **unterschiedlich** ihre **Interessen**. Dies hatte durchaus ästhetische Konsequenzen, die dann in der Nachkriegszeit virulent wurden. In der sog. „Expressionismusdebatte“ erhob etwa Georg Lukács den höchst umstrittenen Vorwurf, der Expressionismus mit seiner Abstraktion, seinem antibürgerlichen Pathos und vor allem seiner Irrationalität habe den Nazis den Boden bereitet; er forderte daher eine konsequent realistische und kritische Literatur. So strittig diese Position war, die Exilliteratur tendierte de facto wenig zu Experiment und Avantgarde.

In der Exilliteratur spielt das **Drama** eine Nebenrolle (Schwierigkeiten der Übersetzung, kaum Aufführungsmöglichkeiten); eine große Ausnahme ist hier Bertolt Brecht (s. S. 113ff.). Die **Lyrik** verarbeitet die emotionale Situation, aber auch Sprechen und Sprache in der Fremde. Es dominiert die Prosa. Der **Roman** reflektiert die Situation in Deutschland, anfangs eher konkret und aus der unmittelbaren Erfahrung gespeist (Judenfeindlichkeit, Anfälligkeit für Ideologien; z. B. Lion Feuchtwanger), später aus der Distanz eher verallgemeinernd (z. B. Klaus Mann: „Mephisto“, Ödön von Horváth: „Jugend ohne Gott“, Stefan Zweig: „Schachnovelle“, Anna Seghers: „Das siebte Kreuz“, Thomas Mann: „Doktor Faustus“). Der historische Roman entwickelt geschichtliche Parallel- und Gegensituationen zum NS-Regime (Lion Feuchtwanger, Thomas und Heinrich Mann, Hermann Broch). Hermann Hesse entwirft mit dem „Glasperlenspiel“ eine Utopie. Ein großes Thema waren auch Situation und Erfahrung des Exils.

4 Wichtige Vertreter und ihre Werke

Ödön von Horváth (* 9.12.1901 Fiume, † 1.6.1938 Paris)
Der Sohn eines Diplomaten lebte ruhelos und wirkte schließlich als Autor in Berlin. Dort entstanden Volksstücke – oder besser: Satiren im volkstümlichen Gewand, die die Engstirnigkeit, Brutalität und Selbsttäuschungen des Kleinbürgertums – Voraussetzungen der Naziherrschaft – entlarven („Geschichten aus dem Wiener Wald“ 1931, „Kasimir und Karoline“ 1932). Diese Kritik setzte er im Exil fort, etwa in seinem Roman „Jugend ohne Gott“ (1937); darin beschreibt er eine politisch verführte, fanatisierte Schulklasse aus der Perspektive ihres jungen humanistischen Lehrers, der sich vom irritierten Mitläufer zum verantwortungsvollen Individuum entwickelt. In Paris wurde Horváth bei einem Sturm von einem Ast erschlagen.

Anna Seghers (d. i. Netty Reiling,
* 19.11.1900 Mainz, † 1.6.1983 Berlin)
Die Jüdin Netty Reiling heiratete 1925 einen kommunistischen Emigranten und trat 1928 der KPD bei. Unter dem Namen Anna Seghers veröffentlichte sie erste Erzählungen. 1933 ging sie ins Exil nach Paris. Der Roman „Das siebte Kreuz“ – aus der Perspektive eines KZ-Flüchtlings wird ein Panorama Hitler-Deutschlands gezeichnet – verarbeitet die grausame Realität; der Roman wurde, noch während des Krieges 1944 von Fred Zinnemann verfilmt und nach dem Krieg veröffentlicht, ein großer Erfolg. Seghers musste nach der Besetzung Frankreichs mit ihren Kindern fliehen und gelangte schließlich nach Mexiko. Die Erfahrung von Flucht und Heimatlosigkeit verarbeitete sie im Roman „Transit“ (1944). Sie kehrte nach Deutschland zurück und lebte in Ost-Berlin. Mit der DDR setzte sich die Kommunistin kritisch auseinander.

Literatur nach 1945

Es hat sich bewährt, die vergleichsweise kontinuierliche Entwicklung bis 1989 nach dem Raster der Jahrzehnte zu gliedern. Das bedeutet aber nicht nur, dass ab da eine Orientierung an inhaltlich bestimmten Epochen problematisch wird, sondern auch, dass in dieser zweiten Phase der Moderne viele Entwicklungen parallel verlaufen, ohne auf einen gemeinsamen inhaltlichen Fokus bezogen werden zu können; vielleicht fehlt dazu auch noch der historische Abstand.

Die Entwicklung verläuft grob gesprochen entlang der Linie Wideraufbau – kritisches Aufbegehren – Rückzug.

Martin Walser, Ingeborg Bachmann und Heinrich Böll bei einem Treffen der Gruppe 47 im Mai 1955

1 Unmittelbare Nachkriegszeit und Wiederaufbau

1.1 Hintergründe

Das Ende des Zweiten Weltkriegs markierte eine deutliche Zäsur. Die halbe Welt lag in Trümmern, Deutschland war vollständig kollabiert. Der Krieg hatte ungeheure Opfer gekostet: an Leben, an Verletzungen von Körper und – durch Gräuelerfahrungen an der Front wie in der Heimat – Seele, an Heimat bei den Vertriebenen, an Infrastruktur, an einfacher, alltäglicher Versorgung. Hinzu kam in Deutschland das barbarische Verbrechen des Holocaust, der industrielle Massenmord an Juden und anderen Verfolgten und das zumindest latente Mitwissen der Bevölkerung, das Scham und Verdrängung nach sich zog. Die letzten Gewissheiten menschlichen Zusammenlebens und der Moral lagen ebenso in Trümmern wie das Land und die Menschen, äußerlich wie innerlich.

Schuldbewusstsein, Traumatisierung, Zerstörung – es war das Gefühl eines völligen **Kahlschlags**, der **„Stunde Null"**. Es war aber genauso das Bewusstsein eines totalen **Neuanfangs**.

Die Zeit des Wiederaufbaus war geprägt durch die Herausbildung zweier deutscher Staaten, der BRD mit der Orientierung an den Westmächten und der DDR als sozialistischem Staat. Die Konfrontation der Siegermächte, der **Kalte Krieg**, spiegelte sich in Deutschland wie in einem Brennglas und führte teilweise zu einer neuen Frontmentalität.

Westdeutschland kam durch die Unterstützung des Marschall-Plans relativ bald wieder auf die Füße und erlebte das **Wirtschaftswunder**, das einen optimistischen Blick in die Zukunft erlaubte, ein neues Selbstwertgefühl gab und nach Zeiten der Not auch wieder Konsum ermöglichte („Fresswelle"). Die frühen 50er-Jahre waren weniger von einer grundlegenden Auseinandersetzung mit der Nazi-Zeit – viele Altnazis und Mitläufer saßen nach wie vor an den Schaltstellen – als von einem erschöpften **Rückzug** ins Private und Allgemeine geprägt. Für die BRD war vor allem, auch in kultureller Hinsicht (z. B. Pop-Musik) **Amerika ein Vorbild**, das trotz einer grundsätzlich eher restaurativen Haltung ein Stück weit modernisierend wirkte. Als Massenmedien waren lediglich Zeitungen und das Radio verfügbar (Hörspiel). Die Westintegration der BRD ging mit ideologischen Ansprüchen einher, die das kritische Selbstverständnis vieler Schriftsteller herausforderte.

1.2 Tendenzen der Literatur

- Als „**Trümmerliteratur**" spiegelte die unmittelbare Nachkriegsliteratur die Traumata der Kriegserfahrungen und die Not der Gegenwart wider. Paradigmatisch ist hier Wolfgang Borcherts Heimkehrerdrama „Draußen vor der Tür" (UA 1947).
- Die **Exilanten** konnten zurückkehren, kamen aber in ein Land, das ihnen fremd geworden war. Je nach politischer Ausrichtung siedelten sie sich in Ost- oder Westdeutschland an. Andere wie Thomas Mann blieben trotz Aufforderung zur Heimkehr im Exil. Literarisch hatten die Rückkehrer meist kaum Einfluss, ja mussten sich zum Teil sogar im Vergleich zu Autoren der inneren Emigration rechtfertigen. Dies macht deutlich, dass 1945 kein völliger Austausch der schreibenden Personen erfolgte.
- Das Kriegsende war eine Befreiung von Zensur und Publikationsverboten. Die Autoren der inneren Emigration (und auch alle, die sich dafür ausgaben) konnten jetzt wieder veröffentlichen.
- In Abkehr vom schnarrenden Pathos der Nazis, aber auch von einer missbrauchten epigonalen Traditionspflege und als Ausdruck der existenziellen Betroffenheit, Not und Sinnkrise etablierte sich das **Stilideal der Nüchternheit:** „Sagt nackt, was ihr müsst." (W. D. Schnurre).
- In der deutschen Literatur entfaltete sich die **Kurzgeschichte** als neue Gattung, die eine angelsächsische Form aufgriff. Sie entsprach in ihrer Lakonie dem Stilideal der Zeit, eignete sich gut für die Publikation in Zeitungen und Zeitschriften, soweit diese wegen der Papierknappheit erscheinen konnten.
- Anfang September 1947 rief Hans Werner Richter die **Gruppe 47** ins Leben, die in den folgenden Jahren regelmäßig tagte und zum prägenden Diskussionsforum der bundesrepublikanischen Literatur wurde, dem fast alle namhaften Autoren ihre Texte aussetzten. Leitend war das Verständnis einer kritischen Literatur.

Entwicklung der Gattungen

- „**Nach Auschwitz ein Gedicht zu schreiben, ist barbarisch**", dieser Satz des Philosophen Th. W. Adorno spiegelt die Debatte um die Nachkriegslyrik wider. Adorno, selbst Exilant, wandte sich gegen ein unbefragtes Fortschreiben gefühliger Naturlyrik, die um 1950

tatsächlich zur Beschwörung von abstrakten Ewigkeitswerten neigte und damit eine deutliche Tendenz zur Flucht aus der Wirklichkeit und der konkreten Schuld hatte.
Davon zu unterscheiden ist die **hermetische Lyrik**, die in extrem verdichteten, rätselhaften Bildern bewusst die Grenzen des Verstehens sprengt (Paul Celan, Ingeborg Bachmann, Nelly Sachs). Sie versteht sich nicht als elitäres Rätselspiel, und auch nicht nur als melancholisches Abbild einer zunehmend als sinnlos empfundenen Welt; sie will vielmehr Sinnbildungsanstrengungen des Lesers anstoßen und die Grenzen der Sprache ausloten – jenseits allen verbrauchten Jargons, jenseits der „Sprache der Verfolger" (Hilde Domin).
Maßgeblich war Gottfried Benn, der als wichtigster Vertreter der deutschen Gegenwartslyrik wahrgenommen wurde und die These aufstellte, Lyrik müsse vor allem **„absolutes Gedicht"** sein, wodurch sie in die Nähe eines l'art pour l'art gerückt wurde.
Daneben etablierte sich die **Konkrete Poesie**, die die Materialität der Sprache ins Zentrum einer experimentellen Lyrik stellte.

- Im **Drama** der 50er-Jahre dominierten die Schweizer mit zeitkritischen Stücken: Max Frischs Parabeln und Friedrich Dürrenmatts Spiel des Absurden. Das Hörspiel entwickelte sich als Gattung für das Massenmedium Radio.
- In der **Epik** wurde Kritik eher in Form einer **Spieglung der Zeitumstände** und ihrer Bedeutung für den Einzelnen laut: Elias Canettis „Die Blendung" (schon 1935 fertig) ist eine Parabel auf die Hilflosigkeit der Intellektuellen; Wolfgang Koeppen zeichnet in seinen Romanen das pessimistische Bild einer restaurativen Gesellschaft, was auch, wenngleich experimenteller, für Arno Schmidts Erzählungen gilt. Max Frisch analysiert in seinen Romanen die Bedingungen moderner Subjektivität. Heinrich Böll hingegen stellt engagiert die Frage nach Schuld und moralischer Verantwortung.
- In **Österreich** etablierte sich wegen des 1938 erfolgten Anschlusses an Deutschland (der freilich von vielen Österreichern gefeiert worden war) früh eine Sichtweise, die das Land zum Opfer Hitlers stilisierte. Man glaubte, sich nicht in der Intensität mit dem Nazismus und der Kriegs- und Genozidgräuel auseinandersetzen zu müssen, wie das in Deutschland der Fall war.

2 Die 1960er-Jahre: Kritisches Aufbegehren

2.1 Hintergründe

Die Adenauer-Ära des Wiederaufbaus und Konsums wurde zunehmend als eine Zeit der **Restauration** und der Verkrustung empfunden, in der die Vergangenheit kaum aufgearbeitet, sondern viel eher verdrängt worden war. 1966/67 kam es zur ersten **Rezession** nach dem Krieg. Mit dem Bau der **Berliner Mauer** 1961 wurde die deutsche Teilung vertieft und augenscheinlich auf unabsehbare Zeit betoniert. Die Kuba-Krise 1963 brachte die Welt an den Rand eines **Atomkrieges** und zeigte die ganze existenzielle Bedrohung durch den Kalten Krieg. Die amerikanische Strategie des Rollback, d. h. eines Zurückdrängens des Sozialismus, scheiterte mit der Niederschlagung der Erhebungen in Ostdeutschland (1953), Ungarn (1956) oder des „Prager Frühlings" (1968). Der **Vietnamkrieg** (1965–1973) mit seinem Gräuel brachte viele Bundesbürger in Distanz zu den USA und diskreditierte die Leitkategorien der Nachkriegszeit. In der Bundesrepublik bildete sich nach der Etablierung der SPD als Volkspartei (Godesberger Programm 1959) und der großen Koalition ab 1966 die **APO** (Außerparlamentarische Opposition). Die Einführung von Notstandsgesetzen und der Tod des Studenten Benno Ohnesorg auf einer Demonstration führten in der **68er-Bewegung** zu Massenprotesten und zu einem fundamentalen Aufbegehren der Jugend gegen Establishment und jede Art von Autorität (eine treibende Kraft war der SDS, der Sozialistische Studentenbund Deutschlands). Zeitgleich kam es im Gefolge der Antibabypille zur sexuellen Revolution.

2.2 Tendenzen der Literatur

- Als Aufgabe der Literatur wurde die **Gesellschafts- und Zeitkritik** gesehen. Damit einher ging eine deutliche **Politisierung der Literatur**. Diese Kritik bedeutete in erster Linie inhaltliche Kritik, in zweiter aber auch weiterhin Sprachkritik.

- Eine Folge dieses geänderten Selbstverständnisses vieler Schriftsteller war das Auftreten als **öffentliche Person**, die sich mit ihrem Ansehen in aktuelle Debatten der Tagespolitik einmischte, teilweise auch parteipolitisch agierte.
- Als Medium der Kritik wurde von Literatur **Verständlichkeit** gefordert. Literatur sollte weniger elitär werden. Zum Teil ging dies so weit, dass jedwede Kunstfertigkeit unter Ideologieverdacht geriet und abgelehnt wurde, was zu einer Annäherung an die Alltagssprache, ja zu einem Infragestellen der Abgrenzung der Literatur von ihr führte. Auf der anderen Seite versuchten viele Autoren, **Engagement und ästhetischen Anspruch** miteinander zu verbinden.

Entwicklung der Gattungen

- Insbesondere das **Drama** gewinnt als öffentliche Gattung an Bedeutung. Die Dramen von Peter Weiss formulieren eine umfassende Gesellschaftskritik, die er später in seiner „Ästhetik des Widerstandes" (1975–81) untermauert; sie haben großen Einfluss auf die Zeitgenossen. Das **Dokumentardrama** bringt historisch authentische Fälle auf die Bühne, um aufzuklären und eine Debatte anzustoßen; Heinar Kipphardt etwa thematisiert in seinem Stück „In der Sache J. Robert Oppenheimer" am Beispiel des Vaters der Atombombe dessen Verfolgung als Kritiker der Wasserstoffbombe. Franz Xaver Kroetz erneuert das kritische Volksstück, das alltägliche Gewalt und Sprachelend herausstellt. Thomas Bernhard schreibt skeptische, misanthropische Sprechpartituren und nähert sich bisweilen dem absurden Theater. In Annäherung an Performance und Happening etablieren sich auch Formen des improvisierten Theaters jenseits der Gattungsgrenzen.
- In der **Lyrik** wird der Gestus des Verstummens und der Hermetik abgelöst durch engagierte, kritische Lyrik. Hier wird an die Neue Sachlichkeit der 20er-Jahre angeknüpft. Autoren wie Hans Magnus Enzensberger oder Peter Rühmkorf greifen spielerisch auf **traditionelle Formen** zurück, die **ironisiert** werden. Sie verbinden Artistik und Engagement. Erich Fried arbeitet mit **entlarvenden Wortspielen**. Die Konkrete Poesie wird als Kritik an der Verdinglichung der Sprache, aber durchaus auch als lustvolles Spiel weitergeführt. – Auf der anderen Seite steht eine Tendenz zur Entlyrisierung der Lyrik, die sich in „langen Gedichten" der Prosa annähert und sich dezidiert der Kunstfertigkeit verweigert. Der **Protestsong** (z. B. Wolf Biermann,

Franz Josef Degenhardt) wendet die Volkslied- und Bänkelsängertradition zu populärer politischer und gesellschaftlicher Kritik. Der linken Agit-Prop-Bewegung gilt Lyrik als Teil des gesellschaftlichen Überbaus und wird per se abgelehnt.

- In der **Epik** dominiert der politische Zeitroman. Die Vergangenheitsbewältigung steht spätestens mit Günter Grass' „Die Blechtrommel" (1959), aber auch etwa bei Siegfried Lenz wieder auf der Tagesordnung. Heinrich Böll problematisiert die drohende Absorption des Individuums durch eine funktionalisierte Gesellschaft. Martin Walser stellt dem Erfolgsdenken immer wieder Versager- und Randgestalten entgegen. Die Arbeitswelt wird kritisch dargestellt (Max von der Grün, Reportagen von Günter Wallraff). Herbert Rosendorfer überzeichnet die Wirklichkeit zur Groteske. Sprache und Sprachkritik sind Themen Helmut Heißenbüttels. Arno Schmidts experimentelle Romane verbinden Zeitkritik mit einem ästhetischen Anspruch, der sich einer Popularisierung bewusst verweigert.

3 1970er- und 1980er-Jahre: Neue Subjektivität

3.1 Hintergründe

Nach den Unruhen von 1968 und der Folgejahre wich der öffentliche Protest einem **Rückzug voller Misstrauen** gegenüber den Institutionen, der bisweilen resignative Züge annahm. Zugleich radikalisierte sich eine kleine Minderheit. Dies kulminierte in der **RAF**, die mit gewaltsamen Mitteln des Terrors einen Umsturz herbeiführen wollte. Mit der **Ostpolitik** unter Willy Brandt und einer kurzen Phase der Öffnung der DDR unter Honecker beruhigte sich das Verhältnis der beiden deutschen Staaten; zugleich kam es zwischen den Großmächten zu Entspannung und Abrüstungsverträgen. In den 80er-Jahren wandte sich ein massiver Protest gegen die Stationierung atomarer Mittelstreckenwaffen in der BRD. Mit der Ölkrise 1973, dem wachsenden Bewusstsein der „Grenzen des Wachstums", dem Waldsterben und der Reaktorkatastrophe von Tschernobyl etablierte sich die **Ökologie** als neues Thema des politischen Diskurses – und mit ihm die Grünen als neue politische

Kraft. Als Folge des Emanzipationsdranges der 68er entstand die **Frauenbewegung**, die Impulse des amerikanischen „Women's Liberation Movement" aufnahm.

3.2 Tendenzen der Literatur

- Eine **neue Subjektivität** (oder „neue Innerlichkeit") folgt aus dem Gefühl des Scheiterns von Kollektividealen und der Tendenz zum Rückzug. Sie manifestiert sich zum Teil in autobiografischer Bekenntnisliteratur. Theorie spielt kaum mehr eine Rolle. Im Zentrum stehen die Probleme des individuellen Lebens in einer modernen Industriegesellschaft: Beziehungs- und Kommunikationsprobleme, Leistungsdruck und Karrierismus, Beschleunigung in Medien- und Arbeitswelt.
- In Begleitung der Frauenbewegung entwickelte sich – auch als eigene Sparte in den Verlagen – die **Frauenliteratur**, die viele Facetten umfasst: die Literarisierung autobiografischer Erfahrung (z. B. Gabriele Wohmann), Versuche einer Entideologisierung der Frauenfrage, die Thematisierung von Gewalt (z. B. Elfriede Jelinek), den Ansatz, den Körper als Zeichen einzusetzen, aber auch einen Opferdiskurs, der gelegentlich zu Selbstbespiegelung neigt.

4 Die Literatur in der und aus der DDR

Mit der Gründung der Deutschen Demokratischen Republik auf dem Gebiet der vormaligen Sowjetischen Besatzungszone begann die Geschichte zweier deutscher Staaten. Die DDR war Teil des **totalitär** regierten, sozialistischen Machtblocks. Zunächst verbanden sich mit ihr große Hoffnungen, viele linke Emigranten (z. B. Bertolt Brecht, Hanns Eisler) hatten sich auf ihrem Gebiet niedergelassen. Die meisten wurden enttäuscht. Der Wiederaufbau in der DDR verlief deutlich langsamer als in der BRD. Die Planwirtschaft mit Fünfjahresplänen bremste die wirtschaftliche Entwicklung und führte zu **Mangelwirtschaft**, die umso deutlicher empfunden wurde, als über die Medien die Konsumgesellschaft der BRD bekannt war. Die DDR betrieb eine Politik der immer stärkeren **Abschottung gegen den Westen** (Schließung der innerdeutschen Grenzen 1952, Berliner Mauer 1961, „Republikflucht" als

Straftatbestand 1968). Eine kurze Phase der Öffnung zu Beginn der 1970er-Jahre blieb Intermezzo.

Eine Opposition gab es nicht, es regierte die SED (Sozialistische Einheitspartei Deutschlands), die vorhandenen Parteien wurden als Blockparteien ins System integriert. Spätestens mit der gewaltsamen Niederschlagung des Arbeiteraufstandes 1953 in Berlin zeigte sich der totalitäre Charakter des Regimes. Die **Stasi** („Staatssicherheit") überzog das Land mit einem Netz von Spitzeln und „informellen Mitarbeitern" in allen Bereichen und erzeugte nachhaltig eine Atmosphäre des Misstrauens. Presse und Literatur unterstanden **Kontrolle** und **Zensur**.

Schriftsteller galten als „Kampfgenossen der Regierung" (O. Grothewohl 1950). Prägend für die offizielle Literatur war lange Zeit der **Sozialistische Realismus**, der von Andrej Shdanow 1934 als einzige Kunstform des Sozialismus proklamiert worden war; er wurde dem westlichen „Formalismus", d. h. der Konzentration auf die Form, entgegengesetzt. Die Bitterfelder Konferenz 1959 formulierte das Programm, die Literatur in den „gesamtgesellschaftlichen Schaffensprozess" „einzuschmelzen"; Dichterbrigaden sollten den Schriftsteller in jedem Teil der „Arbeiterklasse" wecken; das endete mit Erwin Strittmatters Feststellung, die Produkte der schreibenden Arbeiter seien den lesenden Arbeitern nicht zuzumuten. Wer sich anpasste, wurde vom Regime versorgt und hatte gute Arbeitsbedingungen. Wer sich auflehnte, wurde z. T. brutal verfolgt. Viele namhafte Autoren verließen das Land, wenn sie konnten. Manche wurde ausgebürgert; prominentestes Beispiel ist Wolf Biermann 1976. In den 1970er- und 1980er-Jahren rückte das Leben und Überleben im Alltag ins Zentrum der Literatur.

Zu den Schriftstellern, die sich **mit dem Regime arrangierten** und im Land blieben, gehörte Bertolt Brecht, der in Ostberlin bis zu seinem Tod sein episches Theater im Theater am Schiffbauerdamm modellhaft auf die Bühne brachte. Aber auch Dramatiker wie Peter Hacks oder Heiner Müller standen dem Sozialismus nahe, wählten aber zunehmend historische oder weltliterarische Stoffe. Naturlyrik (Peter Huchel, Johannes Bobrowski), ironische Darstellung der Verhältnisse (Hermann Kant) oder Innerlichkeit (Christa Wolf, die in Ost und West gleichermaßen erfolgreich war) bildeten mögliche Themen der Literatur in der DDR.

Kritisch gegenüber dem Regime war naturgemäß das Verhältnis der Autoren, die die DDR verließen. Die Gründe lagen meist nicht in den materiellen Verhältnissen, sondern in Zensur, Behinderung, Verfolgung und schlechten Publikationsbedingungen. Oft ging der Ausreise ein jahrelanger Kampf mit dem SED-Staat voraus. Die Distanz zum Regime schlug sich jedoch nur zum Teil im Werk nieder. Deutlich ist die Kritik in Wolf Biermanns Protestsongs. Uwe Johnson beschrieb den Alltag mit Stasibespitzelung, später aber auch die 68er-Zeit; das Etikett „Dichter der deutschen Teilung" lehnte er ab. Günter Kunert formulierte eine deutliche Skepsis gegenüber der Fortschrittsrhetorik und verstand das Schreiben als Mittel gegen den „Untergang". Jurek Becker thematisierte wiederholt die halbherzige Auseinandersetzung mit der NS-Zeit. Sarah Kirschs Lyrik zielt auf Innerlichkeit.

5 Wichtige Vertreter und ihre Werke

Ilse Aichinger (* 1.11.1921 Wien, † 11.11.2016 ebd.)
In ihrem ersten Roman „Die größere Hoffnung" (1948) verarbeitet Aichinger ihre Erfahrungen als Halbjüdin in Wien; zugleich wird diese Erfahrung erzählerisch verallgemeinert und expressiv gesteigert. Berühmt wurde Aichinger für ihre Kurzgeschichten, die nicht nur die Vergangenheit verarbeiten, sondern auch konsequent modernes und experimentelles Erzählen pflegen, so etwa in der „Spiegelgeschichte" (1949), wo Erzählperspektive und Chronologie umgekehrt werden. Aichinger war mit dem Schriftsteller Günter Eich verheiratet. Neben vielen Erzählungen schrieb sie auch Hörspiele, Szenen und Lyrik.

Alfred Andersch (* 4.2.1914 München, † 21.2.1980 Berzona)
Obwohl er aus einem recht konservativen Elternhaus stammte, engagierte sich der nach einer Buchhändlerlehre arbeitslose Andersch Anfang der 1930er-Jahre für die Kommunisten. Nach kurzem KZ-Aufenthalt schlug er sich durch, wurde eingezogen, desertierte 1944 in Italien. Andersch prägte als Radioredakteur in Frankfurt 1948–1950 das literarisch ausgerichtete Abendprogramm. Sein erster Roman „Sansibar oder der letzte Grund" (1957) schildert, wie ein Flüchtling aus Nazideutschland die Statue „Lesender Klosterschüler" von E. Barlach und eine Jüdin mit auf seine Flucht über die Ostsee nimmt. Andersch zog sich 1958 ins Tessin zurück und schrieb weitere Romane und Reiseberichte.

Rose Ausländer (* 11.5.1901 Czernowitz, † 3.1.1988 Düsseldorf)
Ihr Philosophiestudium musste die Jüdin abbrechen, 1921 emigrierte sie nach New York. Zwischen Expressionismus und Neuer Sachlichkeit bewegt sich ihr erster Gedichtband. 1931 in die Heimat zurückgekehrt,

überlebte sie mit knapper Not das Ghetto und schilderte, wie „Traumworte“ zum „traumatischen Heim“ wurden: „Schreiben war Leben. Überleben.“ Nach dem Krieg ging sie wieder in die USA, schrieb zeitweise nur englisch. Erst 1964 kehrte sie nach Europa zurück. Ihre spätere Lyrik, formal stark verknappt, thematisiert immer mehr die Sprache selbst.

Ingeborg Bachmann (* 25.6.1925 Klagenfurt, † 17.10.1973 Rom)
Die Bachmann kam aus einem Lehrerhaus, sie promovierte über den Existenzialphilosophen Martin Heidegger. Nach einer Beschäftigung beim Rundfunk brachte sie ihren ersten Gedichtband „Die gestundete Zeit“ (1953) heraus. Seither lebte sie als freie Schriftstellerin, unstet, meist in Italien, vor allem in Rom; mit dem Komponisten Hans Werner Henze war sie befreundet, mit Max Frisch liiert. In ihrem zweiten Gedichtband „Anrufung des Großen Bären“ (1956) schreibt sie in teils nicht leicht zugänglichen Bildverdichtungen und Brüchen über die Bedrohungen der Existenz, wendet damit Zeiterfahrungen ins Grundsätzliche; Angst und auch Ekel vor der Welt wechseln mit hymnischer Feier des Daseins. Ihr stark autobiografisch gefärbter Roman „Malina“ (1971) sollte den Zyklus „Todesarten“ beginnen; er blieb wegen eines tödlichen Brandunfalls der Dichterin unvollendet.

Jurek Becker (* verm. 30.9.1937 Łódź, † 14.3.1997 Sieseby)
Becker überlebte Ghetto und Konzentrationslager, dennoch (oder gerade deshalb) wollte er sich nicht auf eine jüdische Identität festlegen lassen. Becker lebte zunächst angepasst in Ost-Berlin, war Zeitsoldat und arbeitete für die DEFA in Babelsberg, wo er Drehbücher verfasste. Zunehmend sah er die DDR kritisch und zeichnete die Verhältnisse in seinen Romanen mit Humor. Mit der Ausreisewelle nach der Biermann-Ausbürgerung kam er in den Westen. Bekannt wurde er neben seinen Romanen für das Drehbuch zur Reihe „Liebling Kreuzberg“ (ab 1986), die den Anwalt Robert Liebling als listigen Kämpfer für die Rechte des kleinen Mannes zeigt.

- **„Jakob der Lügner“** (1969): Jakob Heym, Bewohner des Ghettos einer polnischen Stadt, hört eines Tages zufällig vom Vormarsch der Russen, der baldige Befreiung verheißt. Er macht seinen Mitbewohnern Mut, und als er sieht, wie dadurch wieder Zuversicht aufkeimt, erfindet er weitere Nachrichten, die er in seinem ebenfalls erfundenen Radio gehört haben will. Der Roman zeigt das Leben im Ghetto, aber auch die lebenswichtige Rolle der Hoffnung. Am Ende bleibt offen, ob Jakob auf der Flucht erschossen oder deportiert wird.

Thomas Bernhard
(* 9. 2. 1931 Heerlen / Holland, † 12. 2. 1989 Gmunden)
Um ein Haar hätte Bernhard nie mit dem Schreiben beginnen können: Als uneheliches Kind bei Pflegeeltern, später bei seinem Großvater aufgewachsen, hatte er 1949 während einer Rippenfellentzündung schon die Letzte Ölung erhalten. Der Tod, die Relativierung aller Werte in seinem Angesicht und seine Allgegenwart in Form grotesk-sinnlosen Sterbens wurde Bernhards zentrales Thema, von seinem Durchbruch mit dem Roman „Frost" (1963) bis zum Roman „Auslöschung" (1986). Nach kurzer journalistischer Brotarbeit konnte Bernhard Gesang und Schauspiel studieren. Er lebte zurückgezogen auf einem Hof in Oberösterreich. Neben seiner Prosa errang Bernhard Geltung als Dramatiker monologisierender Sprechpartituren, die mit Wiederholungen und Variationen nach musikalischen Prinzipien arbeiten. Politik, Kirche, Kulturbetrieb – niemand war vor seinen Provokationen und seinem beißenden Zynismus sicher. In seinen Werken attackiert er v. a. die mangelnde Aufarbeitung der nationalsozialistischen Vergangenheit Österreichs. Das Drama „Heldenplatz" (1988) z. B. warnt vor der Gefahr eines neuen Faschismus in Österreich und löste bei der Uraufführung einen Skandal aus.

Wolf Biermann (* 15.11.1936 Hamburg)
Als politischer Liedermacher pflegt Biermann eine einfache, bisweilen gezielt vulgäre, aber keineswegs kunstlose Sprache. Biermann hatte erst politische Ökonomie, dann Mathematik und Philosophie studiert und war Regieassistent gewesen. Der Sohn eines Hamburger Kommunisten war 1953 in die DDR gegangen. Allmählich desillusionierte ihn allerdings die politische Realität – vom Ideal des Sozialismus hat er sich jedoch nie abgewandt. Schon sein erster Lyrikband „Die Drahtharfe" (1965) konnte nur im Westen erscheinen, bald darauf erhielt er Auftritts- und Publikationsverbot. 1976 wurde Biermann nach einem Konzert in Köln ausgebürgert – ein Schock für all diejenigen, die an eine Veränderung und Liberalisierung der DDR geglaubt hatten. Auch nach der Wiedervereinigung blieb Biermann seiner engagierten Literatur treu, in die sich zunehmend skeptische Töne und Selbstreflexionen einmischten, und äußerte sich in Essays.

Heinrich Böll (* 21. 12. 1917 Köln, † 16. 7. 1985 Langenbroich)
Böll war ein politisch engagierter Schriftsteller par excellence. Er klagte die Rolle des Einzelnen als kritische Instanz gegen die irrationale Masse ein, kritisierte das Besitzstreben der Nachkriegsgesellschaft und die Auf-

lösung einer Ursolidarität, die er unmittelbar nach dem Krieg noch gegeben sah („Bekenntnis zur Trümmerliteratur" 1952). Darin lag auch ein christlicher, allerdings antiklerikaler Impuls; Böll stammte aus einem konservativen bürgerlichen Haus, sein Vater hatte ein „Atelier für christliche Kunst". Er wurde nach einer Buchhändlerlehre zum Kriegsdienst eingezogen und kam erschöpft aus dem Krieg zurück.
Böll schreibt einen bewusst einfachen Stil, orientiert sich an den Zeitumständen, um seine Kritik wirksam zu formulieren („Ansichten eines Clowns" 1963, „Gruppenbild mit Dame" 1971). Scharf wandte er sich gegen die mangelnde Auseinandersetzung mit der Nazivergangenheit und gegen die Tendenz zur Restauration in den 1950er-Jahren („Doktor Murkes gesammeltes Schweigen" 1958). Seine Helden sind Verweigerer dieses Mainstreams. In „Die verlorene Ehre der Katharina Blum" (1974) kritisiert er die staatliche Überwachung und die Rolle der Massenmedien bei der Auseinandersetzung mit der linksradikalen Baader-Meinhof-Gruppe. 1972 erhielt Böll den Nobelpreis für Literatur.

Wolfgang Borchert (* 20. 5. 1921 Hamburg, † 20. 11. 1947 Basel)
Bei Borchert schlug jugendlicher Nonkonformismus schnell um in latenten Widerstand gegen das Nazi-Regime, der dem ausgebildeten Schauspieler immer wieder Denunziationen, Gefängnis und Fronteinsätze einbrachte. Diese verschlimmerten ein angeborenes Leberleiden, was zum Tod führte. Beinahe auf dem Sterbebett schrieb Borchert das Heimkehrerdrama „Draußen vor der Tür" (1946), das die Erfahrungen von Sinn- und Heimatlosigkeit mit der Stimme eines Opfers authentisch formuliert. Als Hörspiel hatte das Stück enormen Erfolg. Gleiches gilt für die Kurzgeschichten Borcherts.

Rolf Dieter Brinkmann (* 16. 4. 1940 Vechta, † 23. 4. 1975 London)
Brinkmanns Stoff ist die Großstadt als Ort der Entfremdung. Er zeichnet sie in seiner Lyrik zwar sehr genau im Stil der „Neuen Realisten", wehrte sich aber aggressiv gegen deren Vereinnahmungen. Ebenso verweigerte er sich dem Literaturbetrieb. Er brachte die amerikanische Popkultur nach Deutschland; ihre Kommerzialisierung nach Abebben der 68er-Bewegung sah er kritisch. „Rom, Blicke" (postum 1979, Brinkmann wurde in London überfahren) ist eine große Collage von Zeitungsartikeln, Bildern, Karten, Fertigprodukten der Medienwelt, mit denen Rom – als die Stadt des Abendlandes – als Ort von Gewalt, Müll, abnormer Sexualität und damit als prototypischer Ort des Todes gezeigt wird.

Elias Canetti (* 25.7.1905 Rustschuk / Bulgarien, † 14.8.1994 Zürich)
Der spätere Nobelpreisträger für Literatur (1981) lernte erst mit acht Jahren Deutsch. 1912 war die Familie, die ursprünglich aus Rumänien stammte, von London nach Wien umgesiedelt, 1916 ging es ins neutrale Zürich. Canetti kehrte nach Wien zurück und promovierte in Chemie. Hier entstand „Die Blendung" (ersch. 1935), die Geschichte eines Gelehrten, der an seiner perfiden und realitätszugewandten Haushälterin und späteren Frau scheitert, da sie ihm sein Vermögen und seine Bücher nehmen will – bis er schließlich verzweifelt seine Bibliothek anzündet und darin verbrennt; ein tragischer Kampf von Realität und Geist. Die zweite Frucht seiner Wiener Zeit war eine späte: die Studie „Masse und Macht" (1960), in der Canetti die moderne Psychologie und Erscheinung der Masse und ihrer Verführbarkeit untersucht. Nach dem „Anschluss" Österreichs an Nazideutschland ging Canetti ins Exil nach London; erst 1971 kehrte er nach Zürich zurück. Neben einer Reihe autobiografischer Texte schrieb er weitere Romane, Essays und Reiseberichte (z. B. „Die Stimmen von Marrakesch" 1968).

Paul Celan (d. i. Paul Ančel, auch Antschel),
23. 11. 1920 Czernowitz/ Rumänien, † 20. 4. (?) 1970 Paris)
Celan musste nach dem Beginn eines Medizinstudiums in Tours nach Czernowitz zurückkehren. 1942 wurden seine jüdischen Eltern deportiert und ermordet, er floh aus dem Ghetto. Nach der Befreiung aus dem Arbeitslager durch die Russen 1944 ging er nach Bukarest, wo er seinen Namen anagrammatisch änderte, dann 1947 nach Wien und 1950 nach Paris. Dort lehrte er ab 1959 an der École Normale Supérieure Deutsch. Celan litt immer wieder unter starken psychischen Problemen und dem Trauma, seine Eltern durch den Holocaust verloren zu haben. 1970 ertränkte er sich in der Seine. Celans Lyrik kreist zunächst um den „20. Jänner", an dem 1942 die Nazis auf der Wannsee-Konferenz die Ermordung der europäischen Juden beschlossen, also um die Erinnerung an Opfer und Leid der Nazigräuel. Am bekanntesten ist die „Todesfuge" (1952). Celans schwer zugängliche Lyrik ist ein Sprechen jenseits der funktionalen Sprache des Alltags, ein Sprechen über das Unaussprechliche des Leidens.

Hilde Domin
(* 27. 7. 1909 Köln als Hilde Löwenstein, † 22. 2. 2006 Heidelberg)
Die Jüdin Domin hatte zunächst ein Exilantenschicksal: Seit 1932 in Italien, wo sie studierte und heiratete, musste sie 1939 weiter fliehen, über

England nach Santo Domingo, nach dem sie ihr Pseudonym wählte. Erst 1954 kehrte sie nach Deutschland zurück. Hilde Domins Lyrik ist reich an Chiffren, die sich erst auf den zweiten Blick erschließen. Sie kreist seit ihrem ersten Lyrikband „Nur eine Rose als Stütze" (1959) um die Themen Liebe und Sprache als menschenverbindende Kräfte.

Friedrich Dürrenmatt

(* 5. 1. 1921 Konolfingen, † 14. 12. 1990 Neuchâtel)
Dass er aus einem protestantischen Pfarrhaus stammte, erklärt vielleicht Dürrenmatts Glauben an die Gott- und Sinnlosigkeit einer absurden Welt. Dürrenmatt entschied sich nach dem Studium sofort für das Leben als freier Schriftsteller. Neben ersten Uraufführungen, darunter „Romulus der Große" (1949) und „Die Ehe des Herrn Mississippi" (1952), wurde Dürrenmatt mit Kriminalromanen bekannt, die er eigentlich nur schrieb, um Geld zu verdienen; am bekanntesten wohl „Der Richter und sein Henker" (1952, s. u.). Berühmt machten ihn die Stücke „Der Besuch der alten Dame" (1956) sowie „Die Physiker" (1962). Dürrenmatt, der die überwiegende Zeit seines ereignisarmen Lebens in Neuchâtel verbrachte, ist ein scharfer Beobachter und Kritiker der Welt. Sie ist in seinen Augen absurd, voller sinnloser Zufälle. Sie bringe immer die schlimmstmögliche Wendung; einer solchen Welt komme nur die Komödie bei, schreibt er in einer seiner zahlreichen theatertheoretischen Schriften. Dürrenmatt verbindet dieses Grundthema immer wieder mit philosophischen und naturwissenschaftlichen Reflexionen.

- **„Der Richter und sein Henker"** (1952): Der Anfang sieht nach klassischem Kriminalroman aus: Ein Polizist wird erschossen aufgefunden, der alte Kommissar Bärlach soll den Tod seines engen Mitarbeiters aufklären. Bärlach weiß bald, dass sein eifersüchtiger zweiter Mitarbeiter Tschanz der Mörder ist. Sein Interesse ist ein anderes: Zu Beginn seiner Karriere hat er mit seinem Gegenspieler, dem Verbrecherkönig Gastmann, gewettet, dass jedes Verbrechen wegen der unabsehbaren Zufälle des menschlichen Lebens und Handelns ans Licht kommt. Obschon Gastmann vor seinen Augen einen Menschen von einer Brücke gestürzt hatte, konnte Bärlach ihn nicht überführen. Nun bringt er letztlich Tschanz dazu, Gastmann zu erschießen, da Tschanz glaubt, so seinen eigenen Mord vertuschen zu können. Die amoralische Intrige des Kommissars zeigt ihn als Modell eines Menschen, der den Glauben an Gerechtigkeit und Werte verloren hat.

- **„Der Besuch der alten Dame"** (1956): Diese „tragische Komödie" ist eine Parabel auf die Korrumpierbarkeit des Menschen. Die reiche Claire Zachanassian, geborene Kläri Wäscher, kehrt in ihre Heimatstadt Güllen zurück. Sie verspricht dem völlig heruntergekommenen Ort – den Zustand hat sie, wie sich zeigt, selbst herbeigeführt – eine Milliarde, wenn jemand ihre Jugendliebe Alfred Ill tötet, denn der hat sie einst in Schimpf und Schande mit einem Kind sitzen gelassen. Die Güllener wenden sich, pathetische Solidaritätsbekundungen im Munde führend, von Ill ab, der am Ende auf einer Gemeindeversammlung umgebracht wird. Das Drama endet mit einem Chorlied, einer Parodie auf Sophokles, das die Macht der Not besingt.
- **„Die Physiker"** (1962): Drei Physiker in einem Irrenhaus, einer hält sich für Einstein, einer für Newton, ermorden der Reihe nach jeweils eine Krankenschwester; der Inspektor Voss kann dies eigentlich nur zur Kenntnis nehmen. Doch das Stück ist keine Kriminalkomödie. Die drei Physiker sind mitnichten verrückt. Möbius hat das „System aller möglichen Erfindungen" entdeckt und sich aus Furcht vor dessen Folgen und einem Missbrauch seines Wissens ins Irrenhaus geflüchtet. Die beiden anderen sind Geheimagenten, die für die Supermächte in den Besitz der Weltformel kommen wollen – doch Möbius hat vorausschauend das Manuskript verbrannt. Die Schwestern haben die Physiker ermordet, um ihre Inkognitos zu wahren. Die letzte überraschende Wende aber: Die größenwahnsinnige Anstaltsleiterin Dr. Mathilde von Zahnd weiß alles, hat das Manuskript kopiert und beutet es bereits aus. Die Physiker sind machtlos in ihrer Hand. Die Frage nach der Verantwortung der Wissenschaften wird hier zugespitzt, Erkenntnis- und Anwendungsverweigerung ist keine Alternative, denn gerade sie bringt die Wissenschaft um eine verantwortungsvolle Mitgestaltung.

Michael Ende (* 12.11.1929 Garmisch, † 28.8.1995 Filderstadt)
Ende schrieb nicht nur Kinderbücher, sondern auch Bücher der Kindlichkeit als einer Utopie. Der ausgebildete Schauspieler Ende lebte lange Zeit auf einem Landgut in Italien, bevor er 1985 nach Deutschland zurückkehrte. Ende entwirft aus einem romantischen Geist heraus phantastische Gegenwelten, kritische Gegenutopien zu dem, was er als Ratiozentrismus der Gegenwart wahrnimmt. Schon die „Jim-Kopf"-Romane (1960/62) setzen sich mit nationalsozialistischen Mythen auseinander (Lebensraum, Herkunft und Rasse, Führerprinzip – „Lokomo-

tiven haben zwar keinen großen Verstand – deshalb brauchen sie ja auch immer einen Führer"). Auch in „Momo" (1973) und „Die unendliche Geschichte" (1979) sind es Kinder, die retten – hier die Welt vor der Zeitverknappung und Hektik, verkörpert von den „grauen Herren", dort das Reich der Fantasie.

Hans Magnus Enzensberger (* 11.11.1929 Kaufbeuren)
Enzensberger begann als politischer Lyriker. Er, der über Clemens Brentano promoviert hatte, montierte dabei durchaus zeittypische Elemente von Benn und Brecht neu. Enzensbergers Leben wechselte zwischen Rückzügen (eine Insel im Oslo-Fjord, München) und Auszügen (längere Aufenthalte in den USA, Norwegen, Rom, Russland, Kuba, ...). Sein Schreiben war und ist engagiert, er stellt sich in die Tradition der Frankfurter Schule und kritisiert die „Bewusstseins-Industrie" der elektronischen Medien; typisch ist ein Titel wie „Politik und Verbrechen" (1964). In den 60er-Jahren wandte er sich verstärkt dem Essay zu, den er als einer seiner bedeutendsten Vertreter bis heute mit Verve und einem breiten Themenspektrum bereichert und dabei verschiedenste Erscheinungen der aktuellen Kultur und Politik abdeckt. Er gründete 1965 die Zeitschrift „Kursbuch" (bis 1975 als leitender Redakteur, danach Mitarbeit) als linke Kulturzeitschrift. Enzensberger schrieb darüber hinaus Theaterstücke und Erzählungen. Zudem war und ist er als Übersetzer und Herausgeber sehr aktiv.

Erich Fried (* 6.5.1921 Wien, † 22.11.1988 Baden-Baden)
1938 starb Frieds Vater, ein Spediteur, an den Folgen eines Verhörs durch die Gestapo. Fried emigrierte nach London, wo er zeitlebens blieb. Fried arbeitete sechzehn Jahre für die BBC. Seine erste Lyrik ist antifaschistisch. Seine Gedichte verbinden oft Empathie und politisches Engagement – eine Mischung, die nicht immer verstanden wurde und vor allem in den 1970er-Jahren zu massiven Anfeindungen führte. Fried engagierte sich für die 68er-Bewegung, schrieb gegen den Vietnam-Krieg wie die Hetze gegenüber Sympathisanten der Linken und der RAF. Bedeutend ist Fried auch als Übersetzer von Shakespeare, T. S. Eliot oder Dylan Thomas.

Max Frisch (* 15. 5. 1911 Zürich, † 4. 4. 1991 ebd.)
Frischs Weg zur Literatur war ein Umweg. Er studierte Germanistik in seiner Geburtsstadt Zürich, arbeitete bald als Journalist; 1937 verbrannte er alle Manuskripte, nachdem schon ein Roman erschienen war. Er studierte Architektur, gründete ein eigenes Büro – mit Erfolg: In Zürich baute er das Schwimmbad im Letzigrund. Das Drama brachte ihn zurück zur Literatur, nach 1945 wurden eine Reihe gesellschaftskritischer Stücke uraufgeführt. Am bekanntesten wurden „Biedermann und die Brandstifter" (1958) und „Andorra" (1961, s. u.). Als Romancier kam Frischs Durchbruch mit „Stiller" (1954), in dem der Ich-Erzähler ein anderer sein möchte, als er, wie sich im Laufe des Romans zeigt, ist. Die Suche nach und die Konstruktion von Identität ist eines der großen Themen Frischs in seiner Prosa, so auch in „Homo faber" (1957, s. u.) und „Mein Name sei Gantenbein" (1964) bis hin zur späten Erzählung „Der Mensch erscheint im Holozän" (1979). Seine Tagebücher („Tagebuch 1946–1949" und „Tagebuch 1966–1971") sind literarische Selbstentwürfe in Form der Collage. Frisch lebte zeitweise in Amerika, er war zweimal verheiratet und hatte eine Reihe weiterer Partnerinnen, darunter auch Ingeborg Bachmann.

- **„Biedermann und die Brandstifter"** (1958): Das Stück stellt dar, wie sich der „Haarwasserfabrikant" Gottlieb Biedermann zunächst durch Schmeichelei, später durch Drohungen dazu überreden lässt, auf seinem Speicher dem Ringer Schmitz nebst seinem Komplizen Eisenring Unterschlupf zu gewähren, dann zu tolerieren, dass Benzinfässer eingelagert und Zündschnüre gelegt werden. Biedermanns Widerstand bleibt rhetorisch und ohne Einsicht; sein Haus geht schließlich in Flammen auf. – Das Stück wurde als Parabel auf die Machtübernahme der Nazis, aber auch auf kommunistische Unterwanderung verstanden. Entscheidend ist die Darstellung des Verhaltens des Kleinbürgers Biedermann, der die dunklen Mächte gewähren lässt.
- **„Andorra"** (1961): Andri, unehelicher Sohn des Lehrers Can, wird von seinem Vater als angenommenes Judenkind ausgeben. Als solches wird er Opfer eines alltäglichen Antisemitismus, der modellhaft an verschiedenen Figuren vorgeführt wird: Sein Lehrherr schiebt ihm die Fehler anderer in die Schuhe, der Soldat misshandelt ihn, der Arzt beleidigt ihn aus gekränkter Eitelkeit, der Pfarrer versucht ihn und sich durch Trostfloskeln zu beruhigen. Andri nimmt mehr und mehr die Eigenschaften an, die ihm von außen zugeschrieben werden.

Nach dem Einmarsch der „Schwarzen“ aus dem Nachbarland wird Andri abgeführt – obwohl seine wahre Identität inzwischen klar ist. Neben der Kritik am Antisemitismus hinterfragt das Stück die Zuschreibung von Identitäten; je deutlicher sich die Gesellschaft Bilder von jemandem macht, desto mehr unterliegt dieser der Gewalt dieser Bildnisse.

- **„Homo faber“** (1957): Der Ingenieur Walter Faber lernt auf einer Schiffsreise die junge Sabeth kennen und verliebt sich in sie. Faber verdrängt, was er immer mehr ahnt: dass sie seine Tochter ist, und lässt sich mit ihr ein. Sabeth stirbt, als sie am Strand zunächst von einer Schlange gebissen wird und dann unglücklich stürzt. Sabeths Mutter, Fabers ehemalige Partnerin, macht ihm Vorwürfe. Der Roman ist als autobiografischer Bericht angelegt, mit dem sich der todkranke Faber rechtfertigen will, in dem er sich aber selbst immer mehr entlarvt. Er ist verblendet von seinem rationalistisch-technikgläubigen Selbstbild und kann sich nicht von seiner klischeegesteuerten Wahrnehmung lösen.

Robert Gernhardt (* 1.12.1937 Reval, † 30.6.2006 Frankfurt/M.)
Gernhardt studierte Germanistik und Malerei – eine echte Doppelbegabung. Als Theoretiker des Humors wusste er, wovon er sprach: Seine Gedichte sind hochkomisch, in der Form – ähnlich wie bei Rühmkorf – traditionell. Als Mitbegründer der „Zweiten Frankfurter Schule“ schrieb er eine programmatische Komik, eine, die Verzerrungen und Absurditäten genüsslich vorführt, die Tradition nach Kräften parodiert, die Lust am Grotesken zelebriert. Gernhardt schrieb auch Prosa und Drehbücher, darunter die zu den „Otto“-Filmen.

Günter Grass (* 16.10.1927 Danzig, † 13.4.2015 Lübeck)
Der Sohn eines Kolonialwarenhändlers meldete sich 1942 freiwillig zum Kriegsdienst und war ab 1944 – wie erst 2006 bekannt und dann heftig diskutiert wurde – Mitglied der Waffen-SS. Nach der Kriegsgefangenschaft studierte er Graphik und Bildhauerei und betätigte sich ein Leben lang auch als bildender Künstler. Sein literarischer Durchbruch war „Die Blechtrommel“ (1959, s.u.). In seinen Romanen leistet Grass immer wieder die Auseinandersetzung mit Nazideutschland. Grass ist ein eminent politischer Autor. Er engagierte sich im Wahlkampf für die SPD und Willy Brandt. Zeit- und Ideologiekritik sind Konstanten seines Werkes: gegen überkommene Geschlechterrollen im „Butt“ (1977), gegen die atomare Apokalypse („Die Rättin“ 1986), gegen die Abwicklung der

DDR in „Ein weites Feld“ (1995); hier wie im „Treffen in Telgte“ (1979) oder in „Grimms Wörter“ (2010) werden Vergangenheit und Gegenwart ineinandermontiert. Grass veröffentlichte daneben auch einige Lyrikbände. 1999 erhielt er den Nobelpreis für Literatur.

- **„Die Blechtrommel“** (1959): Der Erzähler Oskar Matzerath hat, nachdem seine geistige Entwicklung schon mit der Geburt abgeschlossen war, im Alter von drei Jahren beschlossen, nicht mehr zu wachsen – und so schildert dieser monströse kindlich-kritische Zwerg die Vorkriegswelt Danzigs mit ihren Krämern und Mitläufern sowie die amourösen Beziehungen seiner Mutter. Oskars Stimme kann Glas zersingen, und zusammen mit seiner Trommel nutzt er dies subversiv, indem er etwa einen Naziaufmarsch gründlich aus dem Takt bringt. Die Geschichte des Überfalls auf Polen und des Zweiten Weltkrieges wird in loser Handlungsfolge eines episodenhaften Schelmenromans ebenso geschildert wie die Nachkriegszeit. Der Roman arbeitet dabei immer wieder mit drastischen Schilderungen (auch erotischer Art) und phantastisch-grotesken Bildern und Ideen.
- **„Katz und Maus“** (1961): Die Novelle erzählt das Leben Joachim Mahlkes zur Zeit des Zweiten Weltkriegs, Mahlkes hervorstechendstes Merkmal ist ein abnorm großer Adamsapfel (eine vieldeutige Metapher). Der Schüler wird deshalb gehänselt und versucht, durch allerlei Heldentaten diesen Makel zu kompensieren. So taucht er in eine über Wasser liegende Kabine eines abgesoffenen Minensuchboots und richtet sich dort ein, was ihm die Bewunderung der Altersgenossen einbringt. Wegen des Diebstahls eines Ritterkreuzes, das den Adamsapfel zum erstem Mal perfekt bedeckt, fliegt er vom Gymnasium, wird ein echter Kriegsheld, versucht sich durch einen Vortrag an seiner Schule zu rehabilitieren, doch der überzeugte Nazi Oberstudienrat Klohse durchkreuzt dies. Mahlke ertrinkt vermutlich beim Abtauchen in seine Schiffskabine. Grass kombiniert hier die Adoleszenzgeschichte eines Außenseiters mit einem Zeitpanorama.

Peter Hacks (* 21.3.1928 Breslau, † 28.8.2003 Groß Machnow)
Hacks promovierte in Germanistik. 1955 übersiedelte der überzeugte Sozialist von München nach Ost-Berlin. Er arbeitete als Dramaturg am Deutschen Theater, gab den Posten aber nach deutlicher Kritik an seinem ersten Stück auf. Den sozialistischen Realismus und den Bitterfelder Weg sah er skeptisch, er lehnte aber auch Romantik und Moderne ab; sein Orientierungspunkt war die Klassik. Sein Drama „Amphitryon“

(1967) etwa thematisiert anhand des antiken Stoffes die Möglichkeit von Utopie. Hacks engagierte sich in der Akademie der Künste und erfuhr immer mehr Anerkennung. Bekannt wurde er auch für seine Prosa und seine Essays, die sein Schreiben in einer sozialistischen Gesellschaft reflektieren. Nach der Wiedervereinigung blieb Hacks seiner Überzeugung treu und kritisierte die in seinen Augen tribunalhafte Abrechnung mit der DDR.

Peter Handke (* 6.12.1942 Griffen)
Handke stammt aus kleinen Verhältnissen. In Graz studierte er Jura. Bekannt wurde er, als er 1966 auf der Tagung der Gruppe 47 der versammelten Schriftstellerschaft „Beschreibungsimpotenz" vorwarf. Für Handke waren in dieser Zeit die Sprache und ihre Rolle für das Bewusstsein zentral, eine engagierte Literatur war seine Sache nicht. Auch wenn sich Handke seit den 1980er-Jahren mehr der Wirklichkeit und einer unprätentiöseren Sprache zuwandte, bleibt das Interesse am Schreibprozess. Seine dramatischen und seine Prosawerke haben oft einen autobiografischen Zug. Eine anhaltende Kontroverse löste Handkes deutliche Parteinahme für Serbien in den Balkankriegen und danach aus – Handke trat u. a. als Grabredner für den Serbenführer S. Milošević auf. Im Jahr 2019 erhielt er den Nobelpreis für Literatur.

Rolf Hochhuth (* 1.4.1931 Eschwege)
Hochhuth ging und geht, so scheint es, keiner Provokation und Debatte aus dem Weg. Der gelernte Buchhändler und spätere Verlagslektor wurde 1963 mit seinem Stück „Der Stellvertreter" schlagartig berühmt. Das Stück thematisiert die Mitschuld Papst Pius' XII. während des Dritten Reiches. Hochhuth versteht sich als „Moralist und Mahner", er klagt die Verantwortung des Individuums auch in Unrechtsregimen ein. Dabei legt er den Schwerpunkt seiner Texte nicht auf die literarische Qualität. Immer wieder provoziert er Debatten: Mit der Erzählung „Eine Liebe in Deutschland" (1978) thematisiert er am Beispiel des Baden-Württembergischen Ministerpräsidenten Filbinger die Rolle der Justiz in der Nazizeit, „Wessis in Weimar" (1993) setzt sich mit der „Abwicklung" in den neuen Bundesländern auseinander, „McKinsey kommt" (2004) mit dem Verhältnis von Hochfinanz und sozialer Gerechtigkeit.

Ernst Jandl (* 1.8.1925 Wien, † 9.6.2000 ebd.)
Der frühe Tod der Mutter und eine frühe, ungewollte Vaterschaft mit 16 prägten Jandl. Er studierte Germanistik, promovierte über Schnitzler und arbeitete als Lehrer. Er war liiert mit Friederike Mayröcker, mit der er bei aller Verschiedenheit auch zusammen schrieb. Jandl hatte seinen

Durchbruch mit dem Gedichtband „Laut und Luise“ (1966). Er ist einer der Hauptvertreter der konkreten Poesie. Er bringt Sprachexperiment und Bildgedicht, witzige Pointe und Gesellschaftskritik in die Balance; Gedichte wie „schtzngrmm“ oder „ottos mops“ sind Klassiker. Der spätere Jandl wurde schärfer in seiner Gesellschafts- und Sprachkritik, schrieb fürs Theater und entwarf in den „Frankfurter Vorlesungen“ (1984) seine Poetik.

Elfriede Jelinek (* 20.10.1946 Mürzzuschlag)
Das Bewusstsein, mit den Kindern von „Austrofaschisten“ das katholische Internat besucht zu haben, ist charakteristisch für Jelinek. Sie studierte Theater- und Kunstwissenschaft, vor allem aber Musik, und legte 1971 das Orgeldiplom ab. Sie zog sich damals zeitweise ganz zurück, auch um zu schreiben. Ihre Texte, Dramen wie Romane, sind politisch-gesellschaftlich engagiert. Die Rolle der Frau dient immer wieder zur Reflexion von Macht, Gewalt und Unterdrückung. Dies wird enggeführt mit einer Kritik am (Neo)Faschismus – gemäß der provokanten These, der Faschismus sei nach dem Krieg in die Familien und ins Private abgewandert. Immer wieder montiert Jelinek Klischees, Bilder, Phrasen in musikalischer Komposition und führt entindividualisierte Typen vor. In „Die Klavierspielerin“ (1983) zeigt sie den fatalen Triebverzicht der Protagonistin, in dem Skandalroman „Lust“ (1989) und dem Stück „Raststätte“ (1994) die schiere sexuelle Gewalt. Wiederholt zog sich Jelinek aufgrund politischen Protests aus der Öffentlichkeit zurück und erließ Aufführungsverbote. 2004 erhielt sie den Nobelpreis für Literatur.

Uwe Johnson (* 20.7.1934 Cammin,
† 23.2.1984 Sheerness-on-Sea, England)
Früh wurde Johnson das Etikett „Dichter der beiden Deutschland“ angeheftet. Aufgewachsen in der DDR, wo er als Germanist nicht arbeiten durfte, veröffentlichte Johnson seinen Erstling „Mutmaßungen über Jakob“ (1959, s.u.) im westdeutschen Suhrkamp-Verlag. Im selben Jahr siedelte er nach West-Berlin über. Er verbrachte über zwei Jahre in New York; die Tetralogie „Jahrestage“ (1970–1973, 1983) spiegelt chronikalisch diesen Aufenthalt genauso wie den Vietnamkrieg, den Beginn der 68er-Bewegung und seine Vergangenheit in Mecklenburg. 1974, in einer Ehekrise, die sein Schreiben lähmte, zog Johnson sich auf die Themse-Insel Sheerness-on-Sea zurück, wo er, nach kurzem Intermezzo in Frankfurt 1982, einsam starb.

Das Etikett „Dichter der beiden Deutschland zu sein" gilt sicher für Johnsons Texte, die immer wieder Fluchten, das Leben hüben und drüben, Hoffnungen auf Zusammenarbeit („Das dritte Buch über Achim" 1961) und die Folgen der deutschen Spaltung behandeln („Zwei Ansichten" 1965). Dennoch liegt in der Etikettierung die Gefahr, den glänzenden Erzähler und Stilisten zu übersehen.

- **„Mutmaßungen über Jakob"** (1959): Jakob Abs, ein Rangierer, ist von einer Lokomotive überfahren worden. Warum, bleibt unklar, die Klärung der Frage zeigt aber eine Fülle von Möglichkeiten. Jakobs Mutter und seine Freundin Gesine sind in den Westen geflohen, und weil Gesine inzwischen bei der NATO arbeitet, wird Jakob von Hauptmann Rohlfs von der Spionageabwehr beschattet. Bei einem Besuch versucht er, Gesine als Spionin zu gewinnen, lässt aber letztlich wegen der schwierigen Situation aller Beteiligten davon ab. Jakob folgt ihr in den Westen, kehrt jedoch enttäuscht vom Leben dort zurück; wenige Tage darauf ist er tot. Der Roman zeigt, wie unpolitische Menschen von den Umständen der deutschen Teilung geprägt und politisiert werden. Der Leser muss sich dabei die Zusammenhänge aus einer Fülle von Dialogfragmenten, Monologen und Erzählpassagen erschließen.

Sarah Kirsch (* 16.4.1935 Limlingerode, † 5.5.2013 Heide)
Kirsch studierte Biologie; das Interesse für Natur hatte ihr anthroposophisch geprägtes Elternhaus ihr mitgegeben. Dieses Thema und das andere traditionelle Lyriksujet, die Liebe, prägen ihre Gedichte. Anspielungsreiche Märchenbilder, Enjambements und eine vieldeutige Syntax geben diesen Themen einen eigenen Ton. Kirsch teilte das Schicksal vieler, die 1976 den Protest gegen die Biermann-Ausbürgerung (s. S. 138) unterschrieben hatten: Ächtung durch die Offiziellen, danach rasche Ausreise. Kirsch schreibt neben Lyrik auch Kurzprosa.

Wolfgang Koeppen (* 23.6.1906 Greifswald, † 15.3.1996 München)
Koeppen schlug sich in seiner Jugend als Schiffskoch, Platzanweiser im Kino, Eisbereiter, Fabrikarbeiter und Glühlampentester durch. Daneben studierte er immer wieder unregelmäßig und kam schließlich ans Theater, u.a. nach Berlin zu Erwin Piscator. Koeppen arbeitete als Journalist, war Feuilletonchef des Berliner Börsen-Couriers. Nach der Veröffentlichung seines ersten Romans 1934 ging er nach Holland, um nach der Rückkehr bewusst die Einsamkeit und innere Emigration zu wählen, was ihn zeitweise in den Untergrund zwang. In seinen drei großen Nachkriegsromanen „Tauben im Gras" (1951), „Das Treibhaus" (1953) und

„Tod in Rom" (1954) kritisiert er, wie ein möglicher Aufbruch und eine Erneuerung nach dem Krieg unter Restauration und Konsumdenken immer mehr begraben werden und eine Auseinandersetzung mit der Vergangenheit unterbunden wird. Er tut dies sprachlich und formal in der Tradition der Moderne, die Handlungen werden überlagert von einem Netz aus reflektierenden Monologen, collagiert mit Radiotexten, Werbung, Schlagern. Köppen schrieb in den 1960er-Jahren Reiseliteratur und veröffentlichte den autobiografischen Bericht „Jugend" (1976).

Günter Kunert (*6.3.1929 Berlin, † 21.9.2019 Kaisborstel)
Kunert studierte nach dem Krieg Grafik und arbeitete dann als freier Schriftsteller und Publizist. Sein Schwerpunkt liegt auf kleinen Formen: auf Lyrik, Kurzprosa, Essays, Reiseberichten. Sein Schreiben kreist um die Aufforderung, kritisch die eigene historische Situation und gesellschaftliche Wirklichkeit zu reflektieren. Kunert distanzierte sich mehr und mehr von der DDR, hatte trotz einiger Auslandsaufenthalte im angelsächsischen Raum Schwierigkeiten und konnte 1979 ausreisen. Seiner enormen Produktivität hat dies keinen Abbruch getan.

Siegfried Lenz (* 17.3.1926 Lyck, † 7.10.2014 Hamburg)
In Ostpreußen geboren, nach Notabitur zur Kriegsmarine eingezogen, kurz vor Kriegsende desertiert, studierte Lenz in Hamburg und lebt dort als freier Schriftsteller. Sein Erzählband „So zärtlich war Suleyken" (1955) zeigt den Typus des schlauen Kauzes als Vertreter einer subversiven Alltagsintelligenz. Lenz' Engagement gilt immer wieder dem einzelnen Individuum, das sich nicht vom Machtapparat vereinnahmen lässt. So opponiert in Lenz bekanntestem Roman „Deutschstunde" (1968) der junge Siggi Jepsen gegen seinen Vater, einen obrigkeitshörigen, pflichtbewussten Dorfpolizisten zur Zeit des Dritten Reiches; er hilft einem Maler, ein von seinem Vater streng (und ohne Unrechtbewusstsein über das Ende des Regimes hinaus) überwachtes Malverbot zu unterlaufen und seine Bilder zu verstecken. Lenz zeichnet damit ein kritisches Bild von der Sozialpsychologie der Nachkriegsgeneration.

Heiner Müller (* 9.1.1929 Eppendorf, † 30.12.1995 Berlin)
Die Verhaftung seines Vaters durch die Nazis war eine traumatische Urszene für Müller, an der er sich mitschuldig fühlte. Müller schrieb nach dem Krieg zunächst für die DDR-Presse und arbeitete für den Schriftstellerverband; nach ersten Dramen kam er 1961 jedoch mit „Die Umsiedlerin" in Konflikt mit dem Regime. Müller wich auf historische Stoffe aus, die er parabelhaft umarbeitete und immer mehr auch sprachmäch-

tig fragmentierte und montierte. Ein zunehmend pessimistisches, kritisches Geschichtsbild prägt seine Stücke. Mit „Die Hamletmaschine" (1977), seinem bekanntesten Stück, wendet sich Müller gegen das traditionelle Theater. Er wurde in Ost und West aufgeführt und genoss zunehmend Freiheiten, nicht zuletzt konnte er im Westen auch Regie führen; die DDR duldete ihn als halbloyale Randerscheinung. Nach der Wende engagierte Müller sich öffentlich als Mitintendant des Berliner Ensembles und als Präsident der Akademie der Künste.

Peter Rühmkorf (* 25.10.1929 Dortmund, † 8.6.2008 Roseburg)
Rühmkorf war unehelicher Sohn einer Lehrerin und eines fahrenden Puppenspielers. Nach seinem nicht abgeschlossenen Studium in Hamburg – Rühmkorf gab schon während des Studiums eine Literaturzeitschrift heraus – war er Lektor bei Rowohlt, dann ab 1964 freier Schriftsteller. Rühmkorf war einer der witzigsten, geistvollsten Lyriker der Nachkriegszeit. Sehr konservativ in der Form, ist seine Lyrik hochvirtuos, voll Wortwitz, Sprachspiel, Überraschungen in Inhalt und Reim. Dabei parodiert er auch immer wieder selbstbewusst und kritisch die Tradition („Walther von der Vogelweide, Klopstock und ich", 1975) und gilt formal wie gesellschaftskritisch als ein Nachfahre Heines (s. S. 77 f.).

Nelly Sachs (* 10.12.1891 Berlin, † 12.5.1970 Stockholm)
Großbürgerlich-jüdisch war ihr Elternhaus. Sie lebte zurückgezogen, schrieb erste Gedichte und Erzählungen. 1940, als es fast zu spät war, floh sie mit ihrer Mutter nach Schweden. Sie lebte von Übersetzungen. Schon während des Krieges und auch danach kreist ihre eindringliche Lyrik um das Grauen des nationalsozialistischen Massenmordes. Sie litt darunter, in Deutsch, der „Mördersprache", zu schreiben. Ihre späte Lyrik ist geprägt von ihrer Auseinandersetzung mit den Psalmen, mit Mystik und mit Hölderlin. 1966 erhielt Nelly Sachs den Nobelpreis für Literatur.

Arno Schmidt (*18.1.1914 Hamburg, † 3.6.1979 Celle)
Schmidts Herkunft aus dem kleinbürgerlichen Mietskasernenmilieu ließ eine Entwicklung seiner Hochbegabung nicht zu: kein Studium, stattdessen Lagerbuchhalter. Auseinandersetzung mit dem Regime, Kriegsdienst, englische Kriegsgefangenschaft behinderten den Schreibdrang. Nach dem Krieg lebte Schmidt als freier Schriftsteller und Übersetzer in Armut. Er pochte dennoch auf Selbstbestimmung: „Kein Vaterland, keine Freunde, keine Religion". Die Nachkriegsgesellschaft zeigt er in Kurzgeschichten und Romanen mit ungeheurem Themenreichtum und sprachlicher Virtuosität. Wegen „Gotteslästerung" und „Pornografie"

hatte er mit der Justiz zu tun; sein Verlag zensierte ihn. Schmidt experimentiert mit Ausdruck, mit Typografie (neben auffälliger Verwendung von Satzzeichen arbeitet er im Roman „KAFF“ mit simultanen Spalten), schließlich auch mit neologistischen Rätselkombinationen, die an Joyce erinnern: „›VERFLUCHTE ZEITN!‹ – (d's wär Mein = Titl!(Für Meine SelbstBio.))“. Als Hauptwerk gilt „Zettels Traum“ (1970). Schmidt lebte zurückgezogen am Rande der Lüneburger Heide.

Wolfdietrich Schnurre (* 22.8.1920 Frankfurt/M., † 9.6.1989 Kiel)
Er sei viermal geboren worden, so Schnurre über sich: als kränkliches Kind in Frankfurt, 1928 mit dem Umzug nach Berlin, 1945 als Heimkehrer nach über sechs Jahren als Soldat und schließlich nach Lähmung und langem Krankenhausaufenthalt in den 1960er-Jahren. Schnurre gilt als einer der Hauptvertreter der deutschen Kurzgeschichte der Nachkriegszeit, schrieb aber auch Romane und Hörspiele. Er war stets ein politischer Schriftsteller, der sein Engagement mit zeitgemäßen Schreibformen (wie der Auflösung einsträngiger Handlungen zugunsten einer assoziativen, den Leser aktivierenden Erinnerungsprosa) verband.

Botho Strauß (* 2.12.1944 Naumburg)
Das Studium der Germanistik brach er ab, arbeitete als Kritiker und als Dramaturg an der Berliner Schaubühne, schließlich als freier Schriftsteller. In seinen Dramen, die ab Mitte der 1970er-Jahre zunehmend erfolgreich waren, wurde er als Vertreter der „neuen Innerlichkeit“ wahrgenommen. Einsamkeit, Identitätssuche, Gefühlskälte zeigt er in episodenhaften Szenen. Strauß löste mit seinem Essay „Anschwellender Bocksgesang“ (1993) eine Kontroverse aus und wurde als Rechtsintellektueller bertrachtet, der in der Tat in seinen Essays und Kritiken eine deutlich kulturkritische Position bezieht. In seinen neueren Prosatexten beschäftigt er sich auch mit bildender Kunst.

Martin Walser (* 24.3.1927 Wasserburg)
Walser ist schwer einzuordnen. Die Jugend war zeittypisch: Flak-Helfer, Abitur nach dem Krieg, Studium, Promotion über Kafka in Tübingen. Schon sein erster Roman „Ehen in Philippsburg“ (1957) machte ihn bekannt. Der bodenständige, kritische Alemanne kehrte 1968 an den Bodensee zurück, wo er bis heute lebt. Sein umfangreiches und vielschichtiges Œuvre spiegelt immer wieder die Zeitgeschichte der Bundesrepublik (und auch die lange Zweistaatlichkeit) in den Protagonisten. Bei seinen Figuren, die meist aus kleinen Verhältnissen stammen, schlagen sich die äußeren Konflikte der politischen und gesellschaftlichen

Zerrissenheit in inneren, psychologischen Krisen nieder. Walser engagierte sich politisch zunächst für die Linke. Auf der anderen Seite hielt er 1998 eine Rede, in der er vor einer „Instrumentalisierung des Holocaust" warnte und die ihm den Vorwurf des Antisemitismus eintrug.

Christa Wolf (* 18.3.1929 Landsberg/Warthe, † 1.12.2011 Berlin)
Der Anfang schien stromlinienförmig: Früh Parteimitglied in der SED, Mitarbeiterin des Schriftstellerverbandes, Kandidatin für das ZK. Die erste Erzählung „Der geteilte Himmel" (1963) wurde ein Erfolg in Ost und West. Doch schon der folgende Roman lässt Distanz erkennen: „Nachdenken über Christa T." (1968) stellt das Scheitern einer empfindsamen Protagonistin an den Forderungen der Gesellschaft dar. Die weibliche Identität und das Weibliche als Entwurf eines humaneren Zusammenlebens ist ein dominierendes Thema der Wolf, das sich in historischen (Bettine v. Arnim, Karoline v. Günderrode) und mythologischen Stoffen spiegelt („Kassandra", 1983), die sie zum Teil umschreibt (Medea als starke Frau in „Medea. Stimmen" 1996). Wegen ihres Festhaltens am Ideal des Sozialismus und nach Bekanntwerden ihrer (wenig intensiven) Mitarbeit für die Stasi war Wolf nach der Wende umstritten.

- „**Kassandra**" (1983): Mit Kassandra stellt Wolf eine Frau des Mythos in den Mittelpunkt. Die Tochter des trojanischen Königs Priamos ist von Apollon mit der Sehergabe beschenkt worden, da sie sich ihm jedoch verweigert hat, damit bestraft worden, dass ihr keiner glaubt. So kommt es schließlich, dass die Trojaner Kassandras Warnungen ignorieren und vernichtend besiegt werden; sie selbst wird von Agamemnon, dem Anführer der Griechen, nach Mykene verschleppt. Die verwickelte Geschichte berichtet Kassandra im Rückblick auf der Schwelle Mykenes – in dem sicheren Wissen, dass sie ebenso wie Agamemnon von dessen Frau Klytaimnestra ermordet werden wird. Die Erzählung ist eine doppelte Allegorie der Gegenwart: Die Situation des Kalten Krieges auf dem Höhepunkt des atomaren Wettrüstens wird auf den mythologischen Urkrieg um Troja bezogen und es wird gezeigt, wie die Gegner einander im Laufe des Konflikts immer ähnlicher und unmenschlicher werden. Die Ohnmacht Kassandras zeigt die Ohnmacht der intellektuellen Einsicht. Dahinter steht eine grundlegende Kritik an der abendländischen Zivilisation; die antimythische griechische, männliche Rationalität führe nicht in Selbstbestimmung, sondern Krieg; ihr entgegenstellen könne man die weiblich-feministische Einsicht.

Literatur nach 1945

1945		1950er	1960er	1970er bis 1980er
		• Wiederaufbau, Wirtschaftswunder • Deutsche Teilung, Kalter Krieg • Rückzug ins Private	• erste Rezession, Berliner Mauer, Wettrüsten • Aufbegehren, Abrechnung mit Nazivergangenheit • 68er Bewegung	• Ölkrise, Ökologiebewegung • kurze Phase des Tauwetters, Ostpolitik • Resignation vs. Radikalisierung (RAF)
Trümmer-literatur Stunde Null	Lyrik	***Bundesrepublik*** Lyrik nach Auschwitz? hermetische Lyrik, absolutes Gedicht → Verstummen, Ironisierung konkrete Poesie	Agitationslyrik, Protestsong	Neue Subjektivität Innerlichkeit
Heimkehrer und Exilanten „Sagt nackt, was ihr müsst.“	Epik	Zeitromane	Politischer Zeitroman Kritik an Massenzwang, Erfolgsdenken, Ausbeutung	autobiografisches Schreiben Frauenliteratur
Kurzgeschichte	Drama	Zeitkritik (v. a. Schweizer) Hörspiel	Dokumentardrama Performance	
		DDR totalitärer Überwachungsstaat, Abschottung gegen den Westen offiziell: Sozialistischer Realismus, „Bitterfelder Weg“ Anpassung: Brecht, Naturlyrik, allgemeine Stoffe, Ironie, Innerlichkeit Widerstand: Ausreise oder Ausbürgerung, Darstellung der Unterdrückungsmechanismen		

Literatur nach 1989 – Postmoderne und Gegenwart

Je mehr man sich der **Gegenwart** nähert, desto weniger ist eine historische Perspektive möglich; der Abstand fehlt. Zugleich wird der Kulturbetrieb mit seinen Filtern und Institutionen für die Wahrnehmung von Literatur wichtiger: der literarische Markt mit Werbung oder Lesungen, die mediale Öffentlichkeit mit Literaturkritik und -preisen, ihren Debatten und Skandalen. Literatur ist hier Medium und Gegenstand der Diskussion über das Zeitgeschehen. Nicht dass das alles neu wäre, aber es prägt unsere Wahrnehmung der Gegenwartsliteratur stärker als bei älteren Texten.

M. C. Escher: Relativity (1953)

1 Hintergründe

1989 fiel die innerdeutsche Grenze. Die wirtschaftliche Misere, die Ausreisemöglichkeit über Drittstaaten und Massenproteste („Wir sind das Volk!“) hatten das DDR-Regime ausgehöhlt; viele Schriftsteller waren Teil dieser Protestbewegung. Binnen eines Jahres kam es nach dem „Vertrag über die abschließende Regelung in Bezug auf Deutschland“ (Zwei-plus-Vier-Vertrag) zwischen den Siegermächten und den beiden deutschen Staaten zur **Wiedervereinigung**. Die unmittelbare Nachkriegszeit und der Kalte Krieg waren zu Ende.

Die Zusammenführung der beiden Teile mit ihrer sehr unterschiedlichen Mentalität, Wirtschaftskraft und Sozialstruktur war (und ist) eine Herausforderung. Wirtschaftlich wurden erhebliche Transferleistungen nötig („Aufbau Ost“); die Lösung von Eigentumsfragen und die „Abwicklung“ der DDR-Industrie durch die Treuhandbehörde sorgten für Konflikte. Sie schlugen sich in pauschalen Animositäten nieder („Besser-Wessis“ vs. „Jammer-Ossis“). Was Identität, Rolle und Aufgaben des wiedervereinigten Deutschlands in der Mitte Europas sein sollten, das waren Fragen, zu denen auch die Literatur als Medium der kollektiven Selbstverständigung beitragen sollte. Die Integrationsherausforderungen werden noch verschärft durch den jetzt möglichen Zuzug Deutschstämmiger aus ganz Osteuropa und insbesondere Russland.

Die **Massenmedien** wandelten sich deutlich: Das Privatfernsehen etablierte sich. Mit der flächendeckenden Verbreitung von Informationstechnik entwickelte sich das Internet zu einem Massenmedium neben Rundfunk und Printmedien. Die Mobiltelefonie verändert den Alltag.

2 Tendenzen der Literatur

- Ungebrochen ist die **Auseinandersetzung mit der NS-Zeit**. Sie erlebt eine Renaissance, weil mit dem Aussterben der Zeitzeugen das **kulturelle Gedächtnis** an ihre Stelle tritt. Dies wird nun als wichtige Funktion von Literatur betrachtet (z. B. Herta Müller, Bernhard Schlink, Uwe Timm, Walter Kempowski). Literatur wird indes nicht nur als Speicher wahrgenommen, sondern als dynamische Instanz, die sich kritisch mit dem Erinnern beschäftigt, Gedenkroutinen und Interessensgeschichtsschreibung (Geschichte der Sieger) durch gezielte Tabubrüche und Abweichungen der Diskussion anheimstellt (Günter Grass).

- Ein zentrales Thema der **Wendeliteratur** sind die Erfahrungen und Umbrüche, die die Wende mit sich brachte. Die Texte erscheinen einstweilen noch weniger als Erinnerung denn vielmehr als Auseinandersetzung mit der Gegenwart, insbesondere mit den Lebens- und Unrechtsverhältnissen in der DDR, aber auch mit den unmittelbaren Folgen der Wende, dem Verlust von Selbstverständlichkeiten und Orientierung, dem Scheitern von Hoffnungen usw. (Günter Grass, Jens Sparschuh, Friedrich C. Delius, Thomas Brussig, Uwe Tellkamp).
- An Bedeutung gewinnt **biografisches Schreiben**, das die Identitätsfindung in verschiedenen Kontexten thematisiert, sei es autobiografisch (z. B. Hanns-Josef Ortheil), sei es in Form der Künstlerbiografie (z. B. Peter Härtling, Robert Schneider).
- Ein Generalthema der Moderne, die **Entfremdung** des Individuums, gewinnt vor dem Hintergrund des Umbruchs neue Aktualität (z. B. Urs Widmers Drama „Top Dogs", Peter Stamm).
- Ebenfalls spielt die Auseinandersetzung mit **Heimat** als Ort der Sozialisation, aber auch der Einengung eine Rolle (z. B. Arnold Stadler).
- Auf der anderen Seite steht die sog. **Migrantenliteratur** (auch interkulturelle Literatur) mit ihrer Reflexion des Lebens in der Fremde, der Gewinnung neuer Identität, der Ablehnung, Anpassung, Aufgabe des Eigenen usw. (z. B. Rafik Schami, Yüksel Pazarkaya, Feridun Zaimoglu).
- Weiterhin ein Thema ist die **weibliche Identität**, die gerade von den Autorinnen introvertierter, dokumentarisch unterkühlter behandelt wird als in den emanzipationsbewegten 1970er-Jahren (z. B. Judith Hermann, Zoë Jenny, Julia Franck).
- Schließlich ist auch der **Kulturbetrieb** und die Bedeutung der Medien Gegenstand der Gegenwartsliteratur (z. B. Martin Walser).

3 Interpretationsmodell Postmoderne

Die Postmoderne ist eine Richtung der Literatur, die schon in den 1980er-Jahren aufkommt und vor allem von der französischen Philosophie und Kulturwissenschaft geprägt ist. Sie bildet am ehesten in der Gegenwart ein einheitliches (aber natürlich keineswegs allgemeinverbindliches) Profil aus.

- Mit der Moderne teilt die Postmoderne eine radikale Erkenntnisskepsis und das Bewusstsein, dass ganzheitliche Sinnkonzepte nicht mehr funktionieren, sondern **Orientierung** nur noch **fragmentarisch** möglich ist. Für die Postmoderne ist dies aber – im Gegensatz zur Moderne – keine Verlusterfahrung mehr, die melancholisch dem verlorenen Ideal nachtrauert, sondern sie reagiert darauf eher mit dem Gefühl von Befreiung und nimmt es als **Lizenz zum Spiel**.
- Man weiß um die **Konstruiertheit** von Weltbildern und Orientierungen und lenkt gezielt die Aufmerksamkeit auf die Konstruktion des Textes – wobei der Bezug auf sich selbst, der poetologische Selbstkommentar, immer schon Teil jeder Hochliteratur war! – und auf die Inszenierung des Lesers als textherstellende Instanz.
- Das Leben aus zweiter Hand in einer modernen Mediengesellschaft wird zu der These zugespitzt, alle Wahrnehmung sei immer schon durch die kulturelle Prägung vorbestimmt. Damit wird Literatur als ein unendliches Spiel mit **intertextuellen** Querverweisen und Zitaten aufgefasst. Sie verabschiedet damit den Anspruch auf und die Forderung nach Originalität. Dies ist nicht zu verwechseln mit dem klassischen Konzept intertextueller Verweisung, das Literatur seit jeher kennzeichnet.
- Die Gegenseite der Konstruktion ist das Gefühl einer **Entsubstanzialisierung des Subjekts**, das sich nur noch aus verschiedenen Diskursen und Bildern zusammensetzt. Identitätsbildung verliert mit diesem Bewusstsein an Verbindlichkeit, aber auch an Last. Dies zeigt sich z. B. in einer Verschleierung der Erzählhaltung.
- Bisweilen wird aus dem Konstruktcharakter der (vorschnelle) Schluss der Beliebigkeit gezogen, eines **anything goes**. Literatur verliert demnach die Aufgabe als kritische Instanz. In diesem Sinne versucht die Postmoderne, amoralisch zu sein. Grenzüberschreitung und Ironisierung werden zum Prinzip, drohen aber auch in Leere zu enden.
- Die Postmoderne wendet sich bewusst, aber kaum mehr in kritischer Absicht der Popkultur zu und von einem elitären Kunstverständnis ab. Sie greift dabei, wie die **Popliteratur** der 1960er-Jahre, Themen des Alltags wie auch der medialen Sensationsmache (z. B. Gewalt, Pornografie) in einfacher, realistischer Darstellung auf. Inwieweit sie dafür noch den ursprünglichen Ansatz einer subversiven Gesellschaftskritik beanspruchen kann, ist umstritten.

- Ein weniger einschlägiges Kriterium (obschon häufig genannt) dürfte das unzuverlässige Erzählen sein, d. h. die Widersprüchlichkeit, Lückenhaftigkeit, Unstimmigkeit des Erzählens; dieses gibt es schon in der Moderne mit ihrer deutlichen Zuspitzung der Perspektive und der Tendenz zu personaler Darstellung.

4 Wichtige Vertreter und ihre Werke

Thomas Brussig (* 19.12.1964 Ost-Berlin)
Brussig wuchs in der DDR auf und wurde erst nach 1989 freier Schriftsteller. In seinem Adoleszenzroman „Am kürzeren Ende der Sonnenallee“ (1999) schildert er nicht nur eine Liebesgeschichte im direkten Schatten der Mauer, sondern auch anschaulich die Lebensverhältnisse in der DDR. Der Roman ging aus dem Drehbuch für Leander Haußmanns Film „Sonnenallee“ hervor. „Wie es leuchtet“ (2004) stellt die Zeit der Wende 1989 und 1990 anhand verschiedener Protagonisten dar. Die unterschiedlichen Perspektiven und Handlungsstränge verweben sich zu einem Zeitroman.

Friedrich Christian Delius (* 13.2.1943 Rom)
Delius promovierte in Literaturwissenschaft und arbeitete danach zunächst als Lektor. In seinen Romanen und Erzählungen nimmt er immer wieder Wendepunkte der deutschen Geschichte auf, die 68er-Zeit etwa oder den Deutschen Herbst 1977. Die Erzählung „Die Birnen von Ribbeck“ (1991) stellt das unkritische Einfallen der Westdeutschen im Osten des Landes nach dem Mauerfall dar. „Der Spaziergang von Rostock nach Syrakus“ (1995) thematisiert den Freiheitsdrang der DDR-Bürger; der listige Kellner Paul Gompitz geht, das Vergehen der „Republikflucht“ in Kauf nehmend, auf Bildungsreise nach Italien und hat Schwierigkeiten, in ein Land zurückzukehren, dessen Ordnung sich aufzulösen beginnt. „Die Minute mit Paul McCartney“ (2005) pflegt die alte Gattung der Stilübung, indem eine einzige kleine Szene in unterschiedlichen Stilen dargestellt wird.

Durs Grünbein (* 9.10.1962 Dresden)
Der Lyriker Durs Grünbein begann Theaterwissenschaft zu studieren, lebt aber seit 1987 als freier Autor. In seinem ersten Gedichtband „Grauzone morgens“ (1988) versammelt er zwar Beobachtungen aus dem DDR-Alltag, er ist aber kein politischer Dichter. Sein Interesse gilt

anthropologischen Fragen, z. B. in dem Band „Schädelbasislektionen“ (1991). Grünbein orientierte sich in den 1990er-Jahren stark an klassischen Formen der Lyrik, handhabt sie aber nicht schulmäßig eng. Themen wie Tod und vor allem eine deutlich Kulturkritik prägen seine Gedichte, die er mit Wissen auflädt. Neben seiner Lyrik tritt er immer wieder auch als Essayist hervor.

Daniel Kehlmann (* 13.1.1975 München)
Kehlmann entschied sich nach einem Studium der Philosophie und Germanistik früh fürs Schreiben. Seine Prosa kreist immer wieder um das Verhältnis von Fiktion und Realität. Er verschlingt diese Ebenen erzähltechnisch so a-logisch ineinander, irritiert den Leser durch unzuverlässige personale Erzähler, Vieldeutigkeiten und vor allem Selbstbezüglichkeiten so, dass die Texte zu einem schillernden Vexierbild werden. Berühmt wurde Kehlmann mit der fiktiven Doppelbiografie „Die Vermessung der Welt“ (2005); mit den historischen Figuren Alexander von Humboldt als einem preußisch-pedantischen Naturforscher und Carl Friedrich Gauß als genial-verschrobenem Mathematiker wird sehr frei umgegangen. Hier werden eher zwei Typen der Welterschließung, aber auch der vermessenen Selbstüberhebung einander gegenübergestellt. Der Roman „Ruhm“ (2009) treibt das Verwirrspiel noch weiter, indem keine zusammenhängende Handlung mehr erzählt wird; stattdessen werden neun inhaltlich, stimmungsmäßig und stilistisch sehr unterschiedliche Episoden über ein Geflecht von Querverweisen, Motiven und Andeutungen miteinander verknotet. Gemeinsam ist ihnen, dass die Identität und Selbstgewissheit der Protagonisten – auch angesichts moderner Kommunikationstechnologie – jeweils allmählich zerfällt.

Christian Kracht (* 29.12.1966 Saanen)
Kracht gilt als Vertreter der Popliteratur – auch wenn er, der immer wieder inszenierte Widersprüche in der Selbstdarstellung pflegt, dies bestreitet; seine Literatur sei „light entertainment“ (was trifft). Sein Roman „Faserland“ (1995) schildert die Odyssee des jungen haltlosen und einsamen Ich-Erzählers durch Deutschland. Hinter Obszönem, Sex und Lifestyle verbergen sich im Kern Wohlstandsverwahrlosung und die Leere des Konsums. Die Handlung ist in eine zum Teil schrille Oberflächenbeschreibung eingebettet, die erzähltechnisch ganz realistisch bleibt – alles klare Kennzeichen der Popliteratur. Kracht lebte immer wieder längere Zeit im Ausland und schrieb Reiseberichte. In seinem Roman „Imperium“ (2012), einer auf historischen Fakten beruhenden

Aussteigergeschichte in der Kolonie Deutsch-Neuguinea, sehen manche Kritiker Anklänge von Rassismus und eine Annäherung an die Neue Rechte.

Herta Müller (* 17.8.1953 Nitzkydorf, Banat/Rumänien)
Herta Müller, in die deutsche Minderheit der Banatschwaben in Rumänien geboren, wuchs im totalitär regierten Rumänien unter der Diktatur N. Ceausescus auf. Die Erfahrung der Unterdrückung, der Fremde selbst in der Heimat, der ständigen Bedrohung mit Verfolgung und Tod sind die Themen Müllers; das Regime verfolgte sie noch nach ihrer Ausreise in die BRD 1987. Dabei nahm sie auch die erstarrte Kultur der deutschen Minderheit als Repression wahr („Niederungen" 1984). Auch nach ihrer Übersiedlung nach Berlin leistete Müller Erinnerungsarbeit. Ihre Sprache spannt sich zwischen klarer Beschreibung und poetischer Überhöhung. Sie experimentiert immer wieder mit Formen der Text-Bild-Collage und dem Fragment, äußert sich aber auch zur bundesrepublikanischen Gegenwart. In ihrem Roman „Atemschaukel" (2009) schreibt sie eine Urgeschichte der sozialistischen Unterdrückung und über das Schicksal der deutschen Minderheit in den sowjetischen Zwangsarbeitslagern; das Buch wollte sie zusammen mit dem Schriftsteller Oskar Pastior – er starb jedoch 2006 – schreiben, auf dessen authentischer Erinnerung die Handlung beruht. 2009 erhielt sie den Nobelpreis für Literatur.

Bernhard Schlink (* 6.7.1944 Großdornberg)
Schlink ist von Profession Jurist, er war lange Jahre Richter am Verfassungsgerichtshof Nordrhein-Westfalens und Professor in Berlin. Seine literarischen Anfänge liegen denn auch im Kriminalroman. In drei durchaus unterhaltsamen Romanen um den Privatdetektiv Gerhard Selb greift er Fragen der deutschen Geschichte auf: die Verstrickungen in den und die Nachwirkungen des Nationalsozialismus, die RAF, die Entwicklung in den neuen Bundesländern nach 1989. International bekannt wurde Schlink 1995 mit seinem Roman „Der Vorleser". Zuletzt setzte sich Schlink mit der Identitätssuche auf der Folie der Odyssee („Die Heimkehr" 2006) und mit dem Deutschen Herbst auseinander („Das Wochenende" 2008).

- **„Der Vorleser"** (1995): Im Rückblick erzählt der Rechtshistoriker Michael Berg von seiner Beziehung zu der viel älteren Hanna Schmitz. Noch als Schüler muss er ihr, die ihm Geborgenheit (und mehr) gibt, vorlesen. Als er sie Jahre später zufällig als Angeklagte in einem NS-Prozess – sie war Aufseherin in einem Außenlager von

Auschwitz – wiedertrifft, erkennt er, dass sie Analphabetin ist und dass sie sich, nur um dies zu vertuschen, in Schuld verstrickt. Michael, der Jura studiert, verschweigt allerdings seine Erkenntnis. Er versorgt Hanna im Gefängnis mit Tonbändern, anhand derer sie lesen und schreiben lernt. Am Tag ihrer Entlassung erfährt er, dass sie sich selbst getötet hat. Der Roman thematisiert in der Gestalt der KZ-Aufseherin mit menschlichen Zügen die Banalität des Bösen wie auch in Gestalt des Ich-Erzählers die Selbstgerechtigkeit der Nachkriegsgeneration. Er leistet damit einen Beitrag zum kulturellen Gedächtnis.

Peter Stamm (* 18.1.1963 Scherzingen/Schweiz)
Stamm studierte nach nachgeholtem Abitur zunächst Anglistik, dann Psychologie und Wirtschaftsinformatik. Seit 1990 lebt er nach Abbruch der Studien als Schriftsteller in Winterthur. Seine Romane und Kurzgeschichten kreisen zumeist um mittelmäßige Protagonisten, eher schwache Durchschnittsmenschen, die in unentrinnbarer Alltäglichkeit gefangen sind und in kurzen Momenten der Irritation die Möglichkeiten eines anderen Lebens erahnen, aber nicht ergreifen können und immer wieder auch ihre Sterblichkeit erfahren. Prototypisch dafür ist der namenlose Ich-Erzähler in Stamms erstem Roman „Agnes“ (1998), einem Spiel mit Fiktion und Wirklichkeit. Als Sachbuchautor schreibt dieser seiner Freundin Agnes, die sich nach einer literarischen Existenz sehnt, in einem fiktiven Lebenslauf ihr Leben buchstäblich vor; es bleibt offen, ob der Schluss seiner Biografie – Agnes begeht Selbstmord – auch Agnes' tatsächliches Schicksal ist. Stamm schildert überwiegend mit lakonischer Kürze und konzentrierter Kargheit.

Patrick Süskind (* 26.3.1949 Ambach)
Süskind lebt äußerst zurückgezogen und tritt im Literaturbetrieb kaum auf. Präsent ist er, der Geschichte und vieles andere studierte, ohne einen Abschluss zu machen, einzig als Autor. Bekannt wurde er 1981 mit dem Einmanneinakter „Der Kontrabass“. 1985 folgte „Das Parfum“. Süskind schrieb eine Reihe von Drehbüchern mit, darunter zu den Fernsehserien „Monaco Franze“ (1983) und „Kir Royal“ (1986) sowie zum Film „Rossini“ (1997).

- **„Das Parfum – Geschichte eines Mörders“** (1985): Der Roman erzählt die Lebensgeschichte Jean-Baptiste Grenouilles, eines äußerlich abstoßenden, aber genialen Parfumeurs im Frankreich des 18. Jahrhunderts. Selbst hat er keinen Eigengeruch, sondern muss sich seine olfaktorische Identität, die zugleich sein Meisterwerk wird, selbst schaffen. Er geht für den perfekten menschlichen Geruch über die Leichen von 24 Jungfrauen und erreicht schließlich mit dem selbst kreierten Duft absolute Macht über die Menschen, die ihn vor der Hinrichtung bewahrt. Grenouille, zeitlebens einsam und sehnsüchtig nach Liebe, wird am Ende von der Gier nach seinem Duft buchstäblich gefressen. Der Roman spielt mit den unabsehbaren, immer metaphorischen Beschreibungen von Düften und verbindet historischen, Kriminal- und Entwicklungsroman.

Uwe Tellkamp (* 28.10.1968 Dresden)
Der Arztsohn wuchs im Dresdner Villenviertel Weißer Hirsch auf. Um Medizin studieren zu können, verpflichtete er sich als „Panzerkommandant" in der Nationalen Volksarmee der DDR. Nach der Wende arbeitete er als Arzt, später als Schriftsteller. Sein großer Zeitroman „Der Turm" (2008) schildert das Leben in der DDR aus der Perspektive eines sich arrangierenden gehobenen Bildungsbürgertums, das sich in die Vergangenheit flüchtet und darüber den Blick für die Veränderungen der Gegenwart verliert. Er zeichnet verschiedene Milieus der DDR unmittelbar vor der Wende und verarbeitet dabei auch autobiografische Erfahrungen, wobei er die Geschehnisse mythisch auflädt.

Uwe Timm (* 30.3.1940 Hamburg)
Timm machte – mit Benno Ohnesorg, der später während der 68er-Unruhen erschossen wurde – auf dem zweiten Bildungsweg Abitur. Er engagierte sich in der 68er-Bewegung, eine Erfahrung, die er wiederholt literarisch verarbeitete („Heißer Sommer" 1974). Timms Ansatz ist ein kritischer Realismus, der – bisweilen klischeehaft zuspitzend – ideologische und soziale Zustände anprangert und in Demonstrationsfiguren verdichtet. Er greift immer wieder auf die Geschichte als Spiegel der Gegenwart zurück, etwa auf die deutsche Kolonialgeschichte und den Völkermord an den Herero („Morenga" 1978) oder auf die Nazizeit. Die Novelle „Die Entdeckung der Currywurst" (1993) beschwört anhand des Alltagsnahrungsmittels die Erinnerung an eine unglückliche Liebe am Ende des Krieges herauf; in der autobiografisch geprägten Erzählung „Am Beispiel meines Bruders" (2003) werden die Folgen des Krieges, hier der Tod des Bruders an der Front, für die Familien gezeigt. Timm verfasste daneben Kinder- und Jugendbücher, die ebenfalls sozialreflexiv angelegt sind; am bekanntesten sind „Rennschwein Rudi Rüssel" (1989) oder „Der Schatz auf Pagensand" (1995).

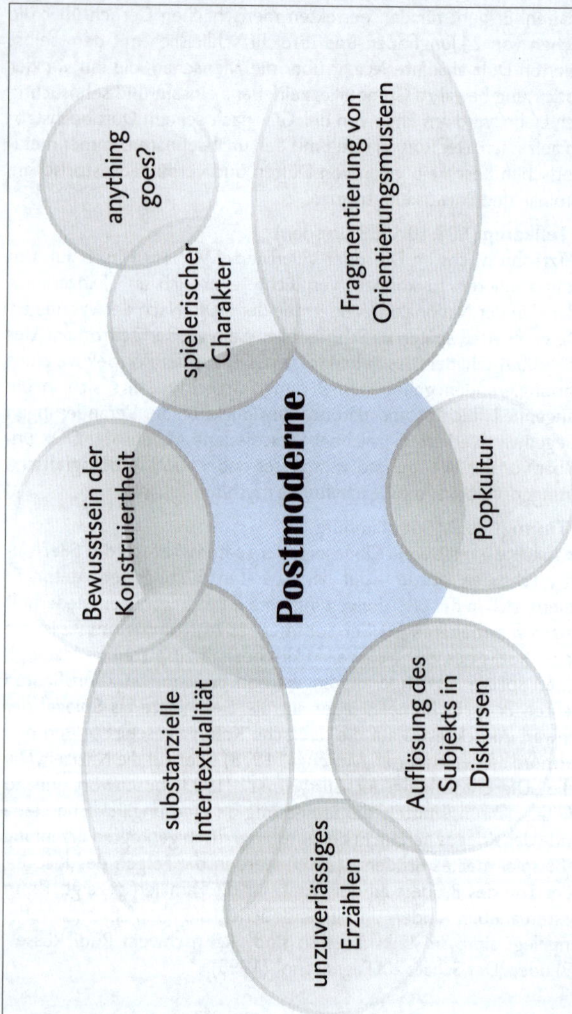
Postmoderne
anything goes?
spielerischer Charakter
Fragmentierung von Orientierungsmustern
Bewusstsein der Konstruiertheit
Popkultur
substanzielle Intertextualität
Auflösung des Subjekts in Diskursen
unzuverlässiges Erzählen

Richtig lernen, bessere Noten

7 Tipps wie's geht

1. ***15 Minuten geistige Aufwärmzeit*** Lernforscher haben beobachtet: Das Gehirn braucht ca. eine Viertelstunde, bis es voll leistungsfähig ist. Beginne daher mit den leichteren Aufgaben bzw. denen, die mehr Spaß machen.

2. ***Ähnliches voneinander trennen*** Ähnliche Lerninhalte, wie zum Beispiel Vokabeln, sollte man mit genügend zeitlichem Abstand zueinander lernen. Das Gehirn kann Informationen sonst nicht mehr klar trennen und verwechselt sie. Wissenschaftler nennen diese Erscheinung „Ähnlichkeitshemmung".

3. ***Vorübergehend nicht erreichbar*** Größter potenzieller Störfaktor beim Lernen: das Smartphone. Es blinkt, vibriert, klingelt – sprich: Es braucht Aufmerksamkeit. Wer sich nicht in Versuchung führen lassen möchte, schaltet das Handy beim Lernen einfach aus.

4. ***Angenehmes mit Nützlichem verbinden*** Wer englische bzw. amerikanische Serien oder Filme im Original-Ton anschaut, trainiert sein Hörverstehen und erweitert gleichzeitig seinen Wortschatz. Zusatztipp: Englische Untertitel helfen beim Verstehen.

5. ***In kleinen Portionen lernen*** Die Konzentrationsfähigkeit des Gehirns ist begrenzt. Kürzere Lerneinheiten von max. 30 Minuten sind ideal. Nach jeder Portion ist eine kleine Verdauungspause sinnvoll.

6. ***Fortschritte sichtbar machen*** Ein Lernplan mit mehreren Etappenzielen hilft dabei, Fortschritte und Erfolge auch optisch sichtbar zu machen. Kleine Belohnungen beim Erreichen eines Ziels motivieren zusätzlich.

7. ***Lernen ist Typsache*** Die einen lernen eher durch Zuhören, die anderen visuell, motorisch oder kommunikativ. Wer seinen Lerntyp kennt, kann das Lernen daran anpassen und erzielt so bessere Ergebnisse.